BURGEN UND PFALZEN DER STAUFER
Ein Ausflugsführer

Manfred Akermann

BURGEN UND PFALZEN DER STAUFER

Ein Ausflugsführer

Köln

Siegen

Marburg

Sieg

Werra

Bonn

Gießen

Fulda

Rhein

3 Kloster Arnsburg

Koblenz

Lahn

Münzenberg **3**

Mosel

H e s s e n

4 Büdingen

Frankfurt

5 Gelnhausen

Wiesbaden

Offenbach **4** Seligenstadt

B a y e r n

1 Mainz

Darmstadt

Würzburg

Nahe

Main

Rhein

R h e i n l a n d - P f a l z

Worms **1**

Saar-
land

Kaiserslautern

Ludwigshafen

Mannheim

Heidelberg

Speyer **1**

Burg Guttenberg

Saarbrücken

Bad Wimpfen **6**

Trifels **2**

Heilbronn

10

Schwäbisch Hall

Weinsberg

7 **8** Großcomburg

Burg Fleckenstein **28**

32

9

10 Murrhardt

Ellwange

Weißenburg

Oppenweiler

23

F R A N K R E I C H

Karlsruhe

Neckar

Schwäbisch
Gmünd

Bopfin

24 Hagenau

Pforzheim

11 **15**

Burg
Katzenstei

Ruine Hobarr

Stuttgart

12 **16**

27

14

26

13

18 **17**

19

Straßburg

Esslingen

Maursmünster

Faurndau

20

Burg
Girbaden **30** **26** Rosheim

Tübingen

Reutlingen

Brenz

25

Offenburg

Ulm

Odilienberg

B a d e n - W ü r t t e m b e r g

Bayer

Hohkönigs-
burg **29** **30** Schlettstadt

Donau

31 **29** Rappoltsweiler

Rottweil

30 Colmar

Sigmaringen

Egisheim

Freiburg

Rhein

Friedrichshafen

Mülhausen

Konstanz

Bodensee

Basel

S C H W E I Z

Inhalt

Die Staufer an Rhein, Main und Neckar – eine Einführung

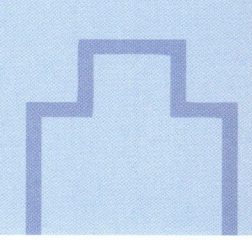

Die frühen Staufer – Riesgrafen und Pfalzgrafen von Schwaben

Zum besseren Verständnis der im vorliegenden Band dargestellten baulichen Zeugnisse vorwiegend aus dem 12. und 13. Jahrhundert erscheint es angebracht, in aller Kürze auf die Herkunft der staufischen Familie sowie die Frühzeit ihrer Herrschaft als Herzöge von Schwaben einzugehen.

Wenn man nach den Anfängen des staufischen Geschlechts sucht, stößt man im Jahr 987 auf einen Grafen in Ostschwaben mit Namen Friedrich, der im Nördlinger Ries, um Wallerstein und bei Harburg über Besitzungen verfügte. Einen schlüssigen Beweis für die Herkunft der Staufer aus dieser Region lieferte der Heidenheimer Historiker Heinz Bühler in seiner 1977 erschienenen Arbeit „Zur Geschichte der frühen Staufer". Ihm gelang die Klärung bisher unbekannter genealogischer Zusammenhänge, die eindeutig belegten, dass die „frühen Friedriche" bereits um die Jahrtausendwende hohe Reichsämter im Bereich des Rieses und der Donauniederung um die heutige Stadt Donauwörth innehatten. Wahrscheinlich ist, dass der zweite in der Stammfolge genannte Friedrich um 1030 vom salischen König Konrad II. (1024–39) zum Pfalzgrafen ernannt wurde und dass er dieses Amt – das wichtigste nach dem des Herzogs von Schwaben – bis zu seinem Tod um 1060/1065 bekleidete.

Nach seiner Berufung zum Pfalzgrafen übertrug Friedrich das Riesgrafenamt seinem gleichnamigen Sohn, der nach dem Tod des Vaters auch mit der Pfalzgrafenwürde belehnt wurde. Dieser heiratete eine Tochter des

Grafen Walter im Filsgau, wohl mit Namen Adelheid, und gelangte so in den Besitz von Büren, das gemeinhin mit dem heutigen Wäschenbeuren im Kreis Göppingen gleichgesetzt wird. Friedrich von Büren, wie er in der 1153 von Abt Wibald von Corvey aufgestellten „Tabula consanguinitatis" genannt wird, starb schon wenige Jahre nach seinem Vater – wohl um 1068 und damit zu einer Zeit, als sein eigener ältester Sohn, der um 1050 geborene nachmalige Herzog Friedrich I. von Schwaben, noch zu jung war, um das Pfalzgrafenamt zu übernehmen. Das Amt blieb jedoch in der Familie – neuer Träger wurde Manegold d. Ä. aus der Stifterfamilie des Klosters Anhausen, der Schwager Friedrichs von Büren.

Die Beweisführung Bühlers lässt keinen Zweifel daran, dass die Vorfahren der Staufer das Grafenamt im Ries mindestens über drei Generationen, dazu das hohe Amt des Pfalzgrafen im Herzogtum Schwaben bereits in der zweiten Generation versahen. Damit besaß der Sohn Friedrichs von Büren die besten Voraussetzungen für die Belehnung mit dem Herzogtum Schwaben im Jahr 1079 durch Kaiser Heinrich IV., der ihm als einem seiner treuesten Gefolgsleute in der Zeit des Investiturstreits im selben Jahr auch seine Tochter Agnes zur Frau gab.

Herzog Friedrich I. von Schwaben

Aus den „Gesta Friderici", der 1157/58 verfassten Chronik des Bischofs Otto von Freising, geht hervor, dass Herzog Friedrich (I.) den vom päpstlichen Bannstrahl getroffenen Kaiser im Jahr 1077 auf seinem berühmten Gang nach Canossa begleitet hat. Der Kaiser soll dies zwei Jahre später mit folgenden Worten anerkannt und belohnt haben: „Wackerer Mann, den ich vor allen immerdar als den treuesten und tapfersten erfunden habe, du weißt, wie im Römischen Reich die Frevel überhandnehmen, wie durch des Teufels Einwirkung empörerische Verbindungen für heilig gelten, während Gottes Gebot, die Obrigkeit zu ehren, verachtet und mit Füßen getreten wird. So wie bisher, kämpfe auch künftig gegen dieses verderblichste aller Übel, und als Beweis, wie sehr ich deine früheren Verdienste anerkenne und den künftigen vertraue, gebe ich dir meine Tochter Agnes zum Weibe und das Herzogtum Schwaben zur Mitgift."

Auch mütterlicherseits konnte der erste staufische Herzog auf eine erstklassige Ahnenreihe verweisen. Sein Vater Friedrich von Büren hatte um 1045 Hildegard von Schlettstadt, die Tochter des Grafen Gerhard von Egisheim-Dagsburg, geheiratet. Sie gehörte somit einer der vornehmsten Familien des Elsass an. Ihr Onkel väterlicherseits war Bischof Bruno von Toul, der spätere Papst Leo IX. Hildegard erbte von ihrer Großmutter umfangreichen Besitz im Ober- und Unterelsass, der zu einer der tragenden Säulen der staufischen Hausmacht wurde. Von hier aus betrieb vor allem Herzog Friedrich II. von Schwaben, der Vater Barbarossas, seine auf weiteren Zuwachs gerichtete Territorialpolitik. Hildegard, oft als „Stammmutter der Staufer" bezeichnet, starb 1094 und wurde in dem von ihr gestifteten Kloster St. Fides in Schlettstadt begraben. Neuen Forschungen von Eduard Hlawitschka zufolge war Hildegard von Schlettstadt auch eine Urenkelin König Konrads von Burgund, was ihre vornehme Abstammung eindrucksvoll bestätigt.

Das mittelalterliche Herzogtum Schwaben ist in der Völkerwanderungszeit entstanden. Um das Jahr 260 n. Chr. begann der westgermanische Stamm der Alamannen mit der Besiedlung des Gebietes, das von den Römern unter wachsendem Druck geräumt wurde – offensichtlich bot ihnen der vom Main bei Miltenberg über das Remsknie bei Lorch bis zur Donau bei Kelheim verlaufende Limes keinen ausreichenden Schutz mehr. In seiner endgültigen Ausdehnung erreichte das alamannische Stammesherzogtum im Westen den Kamm der Vogesen, im Süden die strategisch wichtigen Alpenpässe Lukmanier und Septimer, im Osten das Lechtal und im Norden nach heftigen Auseinandersetzungen mit den Franken eine Linie, die von der Höhe Baden-Badens bis zum Nördlinger Ries verläuft und die bis heute eine lebendige Dialektgrenze bildet. Diese hier grob skizzierte

Gestalt behielt das Herzogtum Schwaben bis zum Ende der Stauferzeit. Als Herr dieses wichtigen Bestandteils des Reiches war Friedrich von Staufen von Anfang an nicht unumstritten. Seine Gegenspieler, die Zähringer und die Welfen, saßen südlich der Donau, wobei sich die zähringischen Besitzungen im Breisgau, in der Ortenau und am Oberlauf der Donau zwischen das staufische Kernland und den Besitz im Elsass schoben. Schwerpunkte des ausgedehnten welfischen Allodial- und Lehnsbesitzes waren die Gegend um Weingarten/Ravensburg und das Lechtal zwischen Augsburg und Füssen. In eine bedrohliche Lage geriet Friedrich, als der seit dem Investiturstreit mehrheitlich antikaiserlich eingestellte schwäbische Adel im Sommer 1092 Berthold II. von Zähringen zum Gegenherzog wählte. Nach heftigen Auseinandersetzungen und langen Verhandlungen gelang es dem Staufer schließlich zwischen 1096 und 1098, sich die Anerkennung seiner Gegner zu verschaffen. Das war allerdings nur möglich, weil er sowohl den Zähringern als auch den Welfen in ihren Territorien die Ausübung „herzoglicher Rechte" einräumte.

Herzog Friedrich I. von Schwaben war nach dem Urteil eines Zeitgenossen ein „durch Klugheit, Tugend und Adel ausgezeichneter Mann". Er starb in der ersten Jahreshälfte 1105 und wurde in Lorch begraben. Seine Witwe, die salische Kaisertochter Agnes, heiratete 1106 Leopold III. (den Heiligen) von Babenberg, Markgraf von Österreich (1095–1136). Die Babenberger verdankten dieser Verbindung die Belehnung mit dem 1156 von Bayern abgetrennten und zum Herzogtum erhobenen Österreich. So verwundert es nicht, dass einer der Söhne Leopolds III. und der Agnes, Bischof Otto von Freising, zum Biografen Kaiser Friedrich Barbarossas wurde und den Taten seines Neffen einen Glorienschein verlieh.

Die Staufer auf dem Weg zum König- und Kaisertum

Dem 1105 verstorbenen ersten staufischen Schwabenherzog folgte sein gleichnamiger Sohn Friedrich, genannt der „Einäugige", dem spätere

Chronisten Entschlussfreudigkeit und Tatkraft nachsagen. Ihm ging es hauptsächlich um die Festigung der staufischen Hausmacht in Innerschwaben und in seiner Lieblingsregion, dem Elsass, das er mit einem Netz von Burgen überzog und wo er seit 1119 als „Dux Alsatiae" zahlreiche Urkunden besiegelte. Mit dem letzten Salierkaiser, Heinrich V., seinem Onkel, pflegte er das beste Einvernehmen und wurde von ihm mehrfach zum Reichsverweser bestellt. Seine Heirat mit der Welfin Judith, Tochter Herzog Heinrichs des Schwarzen von Bayern, um das Jahr 1120 führte zu einer allerdings nur kurzen Aussöhnung der beiden einflussreichsten Familien Schwabens. Schon als nach dem Tod des Kaisers 1125 die antisalische Partei den Sachsenherzog Lothar von Supplinburg zum Nachfolger wählte, schlossen sich Welfen und Zähringer diesem Votum an. Herzog Friedrich II. und sein Bruder Konrad konnten ihre Erbansprüche nicht durchsetzen. So kam es zu heftigen Auseinandersetzungen im süddeutschen Raum, in deren Verlauf Herzog Heinrich von Bayern 1134 die staufische Pfalz Ulm eroberte. Diese schmachvolle Niederlage wurde erst wettgemacht, als nach dem Tod Lothars III. am 7. März 1138 nun doch der Staufer Konrad III. zum deutschen König erhoben wurde: Er führte im Dezember 1140 eine erfolgreiche Belagerung der welfischen Feste Weinsberg durch, nach deren Kapitulation er den dort eingeschlossenen Frauen großmütig gestattete, ihre Männer auf dem Rücken in die Freiheit zu tragen.

Friedrich der Einäugige blieb auch nach der Wahl seines drei Jahre jüngeren Bruders Konrad zum König im Jahr 1138 Herzog von Schwaben und stand diesem loyal zur Seite. In der Wahrnehmung seiner herzoglichen Aufgaben unterstützte ihn mit zunehmendem Alter sein Sohn Friedrich, der spätere Barbarossa. Dieser trat nach dem Tod des Vaters am 6. April 1147 als Friedrich III. dessen Nachfolge an und beteiligte sich sogleich an dem von seinem Onkel, König Konrad III., geführten Zweiten Kreuzzug.

Konrad hat Herzog Friedrich III. selbst als seinen Nachfolger ausersehen, was nach dem Zeugnis des Chronisten Otto von Freising in dem Umstand begründet war, dass Konrads III. eigener Sohn Friedrich noch minderjährig war, als der König am 15. Februar 1152 in Bamberg starb. Dass Herzog Friedrich III. bereits am 4. März desselben Jahres in Frankfurt zum römisch-deutschen König gewählt und wenige Tage darauf, am 9. März, in Aachen gekrönt wurde, könnte zu der Vermutung Anlass geben, der Schwabenherzog habe den Sohn des Königs von seiner Anwartschaft auf die Thronfolge bewusst verdrängt und ihn mit dem Herzogtum Schwaben „abgefunden". Tatsache ist, dass Friedrich IV. nach 1160 auch in dieser Position mehr und mehr geschwächt wurde, so dass er im weiteren Verlauf seines Lebens – er fiel 1167 vor Rom einer Seuche zum Opfer – nur mehr den Titel „Herzog von Rothenburg" führte. Damit hatte Kaiser Friedrich I. Barbarossa sein Ziel erreicht, das Herzogtum Schwaben als „Königsland" in seine Herrschaft einzubinden und dessen Ende als eines der großen Stammesherzogtümer herbeizuführen.

Stammtafel des staufischen Geschlechts

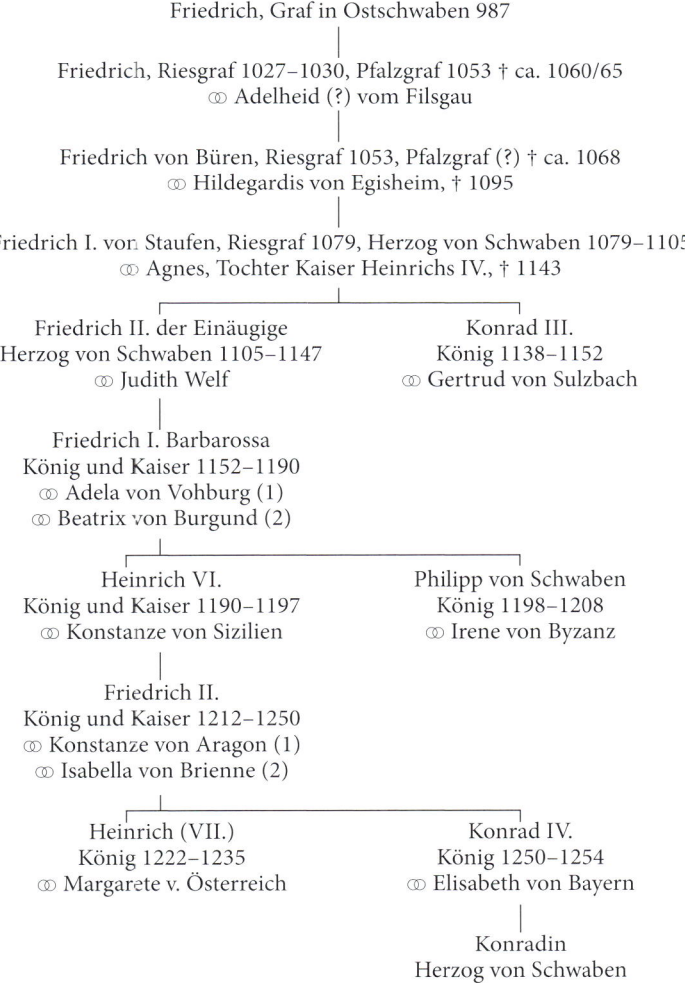

Friedrich, Graf in Ostschwaben 987

|

Friedrich, Riesgraf 1027–1030, Pfalzgraf 1053 † ca. 1060/65
⚭ Adelheid (?) vom Filsgau

|

Friedrich von Büren, Riesgraf 1053, Pfalzgraf (?) † ca. 1068
⚭ Hildegardis von Egisheim, † 1095

|

Friedrich I. von Staufen, Riesgraf 1079, Herzog von Schwaben 1079–1105
⚭ Agnes, Tochter Kaiser Heinrichs IV., † 1143

|

Friedrich II. der Einäugige   Konrad III.
Herzog von Schwaben 1105–1147   König 1138–1152
⚭ Judith Welf   ⚭ Gertrud von Sulzbach

|

Friedrich I. Barbarossa
König und Kaiser 1152–1190
⚭ Adela von Vohburg (1)
⚭ Beatrix von Burgund (2)

|

Heinrich VI.   Philipp von Schwaben
König und Kaiser 1190–1197   König 1198–1208
⚭ Konstanze von Sizilien   ⚭ Irene von Byzanz

|

Friedrich II.
König und Kaiser 1212–1250
⚭ Konstanze von Aragon (1)
⚭ Isabella von Brienne (2)

|

Heinrich (VII.)   Konrad IV.
König 1222–1235   König 1250–1254
⚭ Margarete v. Österreich   ⚭ Elisabeth von Bayern

|

Konradin
Herzog von Schwaben
geb. 1252, enthauptet 1268

1 Die Kaiserdome am Rhein

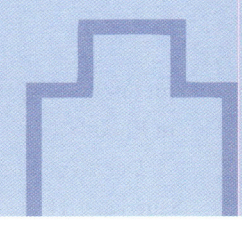

Die drei Kaiserdome in Mainz, Worms und Speyer sind ohne Zweifel die historisch und baugeschichtlich wichtigsten romanischen Kirchenbauten in Deutschland. Ihre Existenz lässt sich lange vor die Epoche der Staufer zurückverfolgen, jedoch prägte diese Zeit das Bild der Kirchen nicht unwesentlich. Die Geschichte der drei Domkirchen ist in den letzten Jahrzehnten mehrfach ausführlich mit wissenschaftlicher Akribie untersucht worden, so dass sich dieser Band auf die architektonischen Besonderheiten der staufischen Zeit zwischen 1150 und 1250 beschränken kann.

Mainz, Dom St. Martin

Die vom Stiefsohn Drusus des römischen Kaisers Augustus um das Jahr 16 v. Chr. über der Mainmündung in den Rhein gegründete Siedlung wurde bei den Alamanneneinfällen im 3. Jahrhundert zum Grenzort. Dieser entwickelte sich nach dem Tod des christlichen Priesters Albanus im Jahr 406 zur Keimzelle des bedeutendsten Benediktinerklosters im frühmittelalterlichen Mainz. Aus ihm ging das durch den heiligen Bonifatius besonders geförderte Bistum Mainz hervor, das am Ende des 8. Jahrhunderts zur Metropole der größten, zeitweise fünfzehn Bistümer umfassenden Kirchenprovinz der Christenheit wurde. Mitte des 10. Jahrhunderts ist die Stadtherrschaft in den Händen von Erzbischof Willigis (975–1011), Berater dreier Könige und Reichsverweser.

Nach der Ermordung Erzbischof Arnolds im Jahr 1160 verhängte Kaiser Friedrich Barbarossa die Reichsacht über die Stadt Mainz und entzog ihr alle Privilegien. Noch in der Stauferzeit errang die Mainzer Bürgerschaft 1244 das Recht der freien Ratswahl und wenig später zusammen mit Speyer und Worms die Führung im Rheinischen Städtebund.

Der Neubau des Domes, den der Salierkaier Heinrich IV. um 1100 begonnen hatte, ist mit seiner Doppelchörigkeit bis in die Gegenwart Symbol für den sogenannten „Investiturstreit", jene lange Auseinandersetzung zwischen Kaiser und Papst um das Recht der Einsetzung von Bischöfen und Äbten. Der Chor des Kaisers im Westen zählt zu den einprägsamsten Architekturbildern Deutschlands. An das Querhaus schließt sich ein quadratischer Chorraum mit nach drei Seiten ausstrahlenden Konchen und zwei Nebentürmen an. In einem einzigen Geschoss mit glatten Flächen, hohen Fenstern und kräftigen Eckstreben steigt der Chor auf. Erst in Höhe der abschließenden Zwerggalerie werden die Formen kleinteiliger und reicher. Der mächtige Turm über der Westvierung ist das nach dem Brand von 1767 notwendig gewordene Werk von Franz Ignaz Neumann. Vollkommen erhalten blieb die reich gegliederte Architektur des Ostchors, wo der Erzbischof seinen Sitz hatte. Die Kuppel stammt in ihrer heutigen Form aus der Stauferzeit.

Mainz, Dom, Ostchor

Nahe Mainz gelegen, bietet sich **Ingelheim** für eine historische Visite an. Auf einem Reichstag im Winter 787/88 verfügte Kaiser Karl der Große hier die Absetzung des Bayernherzogs Tassilo. Im frühen 9. Jahrhundert baute Ludwig der Fromme ein 807 erstmals genanntes

„palatium" zu einer der größten karolingischen Pfalzanlagen aus, vergleichbar mit Aachen, Frankfurt und Nimwegen. Kaiser Friedrich Barbarossa sorgte um 1160 für die Befestigung des wichtigen Platzes. 1354 zogen Augustiner-Chorherren in die ehemalige kaiserliche Aula ein. 1689 kam es zur Zerstörung der Anlage durch die Franzosen. Erhalten blieben lediglich Teile der östlichen Längswand und der Apsis sowie Reste der Wehrmauer.

Ingelheim, Ruine der Kaiserpfalz

Der Dom ist täglich geöffnet.

Dominformation
Am Markt 8–10
55116 Mainz
Telefon: 06131/253-412
Fax: /06131/253-424
Mail: dominformationbistum-mainz.de
www.bistummainz.de/bistum/bistum/domkapitel/domMz/index.html/

Bischöfliches Dom- und Diözesanmuseum
Domstraße 3
55116 Mainz
Telefon: 06131/253344
Fax: 06131/253349
Mail: dommuseum@bistum-mainz.de
www.dommuseum-mainz.de

Worms, Dom St. Peter

Trotz verheerender Luftangriffe in den letzten Monaten des Zweiten Weltkriegs blieben die Kirchenbauten in der Stadt Worms großenteils erhalten und dienen längst wieder ihrer ursprünglichen Funktion. Aus der Kelten- und Römerstadt wurde im frühen 5. Jahrhundert die Residenz des Burgunderkönigs Gunther. Karl der Große machte Worms zu einem seiner Lieblingssitze. Hier feierte er Hochzeit mit Fastrada. 1048 fand im Dom zu Worms die Wahl des Grafen Bruno von Egisheim, Bischof von Toul, zum Papst Leo IX. statt. 1184 bestätigte Kaiser Friedrich I. Barbarossa der Stadt ihre Freiheiten mit einer Goldenen Bulle. Unter den Habsburgern war Worms eine der sieben Freien Städte des Reiches – 1521 stand hier Martin Luther vor Kaiser Karl V. Nach den schrecklichen Verwüstungen in den Jahren 1689, 1794 und 1945 ist es fast ein Wunder, dass die Stadt Worms ihre historische Silhouette weitgehend wiederherstellen konnte. Dazu trägt in erster Linie der großartige Dom St. Peter bei, dessen Geschichte sich bis ins frühe Mittelalter zurückverfolgen lässt. Unter Karolingern und Ottonen erweitert, kam es um 1135 zu einem vollkommenen Neubau, der mit der Fertigstellung des Ostchors und der Schlussweihe im Jahr 1181 – also noch zu Zeiten Barbarossas – vollendet war. Trotz verschiedener Veränderungen in den folgenden Jahrhunderten konnte der 1803 zur Pfarrkirche herunterge-

Worms, Dom, Ostchor

stufte Dom seine Dominanz im Wormser Stadtbild behalten. Die doppelchörige gewölbte Basilika mit östlichem Querschiff zählt mit ihren vier schlanken, paarweise an den Chören aufragenden Rundtürmen zu den Großleistungen der stauferzeitlichen Baukunst. Wie bei den beiden anderen Kaiserdomen sind die zahllosen Details in der vielfältigen Literatur über die Wormser Domkirche ausgebreitet.

Es ist in höchstem Maß zu bedauern, dass die schon in karolingischer Zeit erwähnte Kaiserpfalz auf dem nördlichen Vorplatz der Kirche 1689 völlig zerstört wurde. Heute steht der barocke Bischofshof an ihrer Stelle.

Der Dom ist täglich geöffnet.

Dompfarramt
Lutherring 9
67547 Worms

Telefon: 06241/6115
Fax: 06241/26527
Mail: pfarramt@wormser-dom.de
www.wormser-dom.de

Speyer, Kaiserdom

Der am weitesten südlich gelegene Kaiserdom ist jener in Speyer. Er liegt ebenfalls auf der linken Seite des Rheins und hat den Ruhm, der größte der drei zu sein. Der erstmals als „Spira" erwähnte Ort entwickelte sich aus einer römischen Siedlung. Als Sitz eines Bischofs ist Speyer 614 erwähnt; 969 verlieh Kaiser Otto I. der Stadt ein Immunitätsprivileg. Der Stauferkönig Philipp von Schwaben bestätigte ihr 1198 das Recht zur Wahl eines Rates. Nach dem Tod Kaiser Friedrichs II. trat Speyer dem Rheinischen Städtebund bei. Im Gegensatz zu Mainz war die Stadt in den zahlreichen Auseinandersetzungen mit den Bischöfen meist erfolgreich, doch setzte im 16. Jahrhundert der wirtschaftliche Niedergang ein. Auf einem der Speyrer Reichstage kam es 1529 zur „Protestation" der lutherischen Stände gegen den von der katholischen Mehrheit beschlossenen

Reichstagsabschied, wodurch die Evangelischen künftig allgemein als „Protestanten" bezeichnet wurden. Von der vollständigen Einäscherung der Stadt durch die Franzosen im Jahr 1689 erholte sich Speyer nicht mehr, zumal in seiner Umgebung Fürstenstädte wie Karlsruhe (1715) und Mannheim (1607) gegründet wurden bzw. existierten. Zudem verlegte Fürstbischof Hugo Damian von Schönborn seine Residenz im Jahr 1726 nach Bruchsal.

Speyer, Dom, östliches Querhaus und Ostturm

Monumentaler Mittelpunkt der Stadt Speyer blieb jedoch der Dom St. Maria und St. Stephan mit seinen unzähligen Erinnerungen an das Kaisertum des Heiligen Römischen Reiches Deutscher Nation. Vor allem die salischen Könige und Kaiser haben sich seit Konrad II. um den Bau des Doms verdient gemacht. Heinrich III. und Heinrich IV. – letzterer durch seinen in der Forschung umstrittenen Gang nach Canossa 1077 bekannt – schufen und vollendeten die mächtige Kathedrale, deren vornehmste Bestimmung es war, den deutschen Königen und Kaisern nach ihrem Tod letzte Ruhestätte zu sein.

Die Gruftanlage stammt in ihrer heutigen Form aus dem Jahr 1900 und wurde 1960/61 durch eine Vorkrypta ergänzt. In der Speyerer Kaisergruft ruht als einziger Staufer der 1208 in Bamberg ermordete König Philipp von Schwaben; seine kurz nach ihm gestorbene Gattin Irene von Byzanz wurde im Kloster Lorch begraben. Im Speyerer Dom sollten auch Friedrich Barbarossa und seine Gemahlin Beatrix von Burgund die letzte Ruhe finden, jedoch ertrank der Kaiser bekanntlich am 10. Juni 1190 auf dem Dritten Kreuzzug im Fluss Saleph in Klein-Armenien.

Der Dom ist täglich geöffnet.

Europäische Stiftung Kaiserdom zu Speyer
Bischöfliches Ordinariat
Kleine Pfaffengasse 16
67343 Speyer

Telefon: 06232/102-397 (vormittags)
Fax: 06232/102-352
Mail: stiftung-kaiserdom@bistum-speyer.de
www.dom-speyer.de

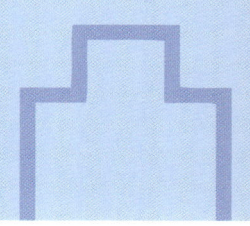

2 Trifels und andere Pfälzer Burgen

Burg Trifels

Als „vornehmste Königsfeste der Stauferzeit" wird die Burg Trifels bei Annweiler in der linksrheinischen Pfalz in der einschlägigen Literatur apostrophiert. Ihre beherrschende Lage auf dem höchsten von drei kegelförmigen Burgbergen zeichnet sie ebenso aus wie ihre in mehrfacher Weise mit der Geschichte des Reiches verbundene Entwicklung. Als Gründer der über einer strategisch außerordentlich wichtigen Reichsstraße gelegenen Anlage, deren erste Erwähnung aus dem Jahr 1081 stammt, kommen nur die salischen Kaiser infrage. Im 12. Jahrhundert zeitweise im Besitz des Mainzer Erzbischofs, zog der letzte Salier, Heinrich V., die Burg wieder an sich. Sie blieb auch unter den frühen Staufern in salischem Besitz. Der Sohn Barbarossas, Kaiser Heinrich VI., hielt dort nach dem Dritten Kreuzzug in den Jahren 1193/94 den englischen König Richard Löwenherz gefangen, bis dessen Untertanen das hohe Lösegeld aufgebracht hatten, mit dessen Hilfe Heinrich seinen Zug nach Sizilien antreten konnte, der die Unterwerfung des Normannenreichs zur Folge hatte.

Ihre glanzvollste Zeit erlebte die Burg Trifels, als sie der Stauferkaiser Friedrich II. im Jahr 1244 zum Aufbewahrungsort der Reichskleinodien bestimmte. Immerhin dreißig Jahre, bis 1274, wurden diese einzigartigen Insignien des Heiligen Römischen Reiches Deutscher Nation in den Gewölben der in dieser Zeit wegen ihrer geschützten Lage auf dem 145 Meter langen Buntsandsteinfelsen uneinnehmbaren Burg sicher verwahrt. Heute sind in der ehemaligen Schatzkammer kostbare Nachbildungen dieser Herrschersymbole zu besichtigen.

Mit dem Untergang der Staufer in der zweiten Hälfte des 13. Jahrhunderts verlor auch der Trifels an Bedeutung. Die Burg kam an das Fürstentum Pfalz-Zweibrücken und diente fortan jahrhundertelang als Aufbewahrungsort des fürstlichen Archivs. In Verkennung seiner ehemaligen reichsgeschichtlichen Bedeutung wurde der Trifels um die Mitte des 17. Jahrhunderts zum Abbruch freigegeben – ein großer Teil der ursprünglichen Anlage ging dadurch verloren. Erst im 19. Jahrhundert kam es zu dringend notwendigen Sicherungsmaßnahmen an der Ruine. Nach archäologischen Untersuchungen in den 1930er Jahren wurde noch vor Beginn des Zweiten Weltkriegs mit dem Wiederaufbau des Palas nach Plänen des Münchner Architekten Rudolf Esterer begonnen. Diese Arbeiten fanden erst 1950 ihren Abschluss. Sie haben das Aussehen der Burg erheblich und nicht unbedingt zu ihrem Vorteil verändert.

Blick zum Trifels

Die Kernburg bildet ein lang gestrecktes Dreieck, in dessen Mitte Turm und Palas mit Kapelle – in einem Gebäude zusammengefasst – als mächtige Bautengruppe aufragen. Davon datieren noch drei Geschosse aus der Stauferzeit, das vierte wurde 1964–66 aufgesetzt. Besondere Beachtung verdient die ehemalige Burgkapelle mit ihrem sauber ausgeführten Kreuzrippengewölbe und der nach Osten vorspringenden Apsis, die an der Außenwand von drei maskenverzierten Konsolen getragen und durch eine stark verwitterte Löwenfigur bekrönt wird. Den Vorraum der Kapelle kennzeichnet ein Kamin als bewohnbar. Der historische

Palas war an den wohl unter König Philipp von Schwaben errichteten Turm angebaut. An seiner Stelle steht heute der zwischen 1938 und 1950 von Rudolf Esterer konzipierte überdimensionierte Neubau.

Stauferzeitlich ist auch der Brunnenturm, welcher der Kernburg vorgelagert ist und den ein gemauerter Brückenbogen mit dem Mauerring der Burg verbindet. Seit Oktober 2008 erinnert eine achteckige „Stauferstele" an die große Bedeutung der Burg Trifels in der staufischen Epoche.

Die sogenannte „Burgendreifaltigkeit" bei Annweiler bilden neben dem Trifels die Burgen **Anebos** und **Scharfenberg**, letztere auch „Münz" genannt. Beide sind seit dem Bauernkrieg Ruinen, deren einstige Bedeutung man nur nach eingehender Besichtigung erkennt.

Wesentlich eindrucksvoller, wenn auch nicht mehr vollständig erhalten ist eine Reihe anderer Pfälzer Burgen, von denen wenigstens drei näher betrachtet werden sollen. Die 1176 erstmals urkundlich erwähnte **Madenburg** bei Eschbach kam zu Beginn des 13. Jahrhunderts als kaiserliches Lehen an die Grafen von Leiningen und diente längere Zeit als Ganerbenburg mehreren Mitgliedern der Familie als Wohnsitz. 1516 kaufte der Bischof von Speyer die Burg; 1689 wurde sie wie die meisten Pfälzer Burganlagen zerstört. Heute beeindruckt noch die stauferzeitliche Schildmauer und einige meist aus späteren Epochen stammende Reste der lang gestreckten Anlage. Eine ähnliche Entwicklung hatte die auf dem Gebiet der Gemeinde Ramberg angesiedelte Burg **Meistersel,**

Burg Trifels
76855 Annweiler
Telefon: 06346/8470
Fax: 06346/929497
Mail: info@burgen-rlp.de, trifels@burgen-rlp.de
www.burgen-rlp.de

Ruine der Madenburg

auch Modeneck genannt. Auch sie war lange Zeit im Besitz des Speyrer Bischofs und diente bis zu ihrer Zerstörung im Dreißigjährigen Krieg als Ganerbenburg. In der auf einem schmalen Felsgrat stehenden Hauptburg erkennt man noch Teile von zwei Palasbauten. Wer unter den Pfälzer Burgen nach einer bewohnbaren Anlage sucht, wird fast nur auf dem **Berwartstein** in der Gemeinde Erlenbach fündig. Die Ausbauarbeiten des späten 19. Jahrhunderts haben allerdings manches von der erhalten gebliebenen mittelalterlichen Bausubstanz stark verändert. Dennoch lohnt ein Besuch der Burg, von der man weiß, dass Friedrich Barbarossa sie im Jahr 1152 dem Speyrer Bischof Günther als Geschenk überließ.

**Südliche Weinstraße
Annweiler am Trifels e.V.**
Büro für Tourismus
Meßplatz 1
76855 Annweiler

Telefon: 06346/2200
Fax: 06346/7917
Mail: info@trifelsland.de
www.trifelsland.de

3 Burg Münzenberg und Kloster Arnsburg

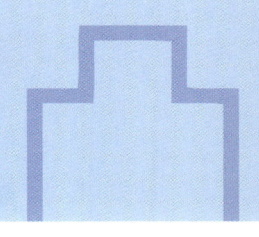

Burg Münzenberg

Über die Ruine der Burg Münzenberg prägte der berühmte Kunsthistoriker Georg Dehio folgenden Satz: „Sie ist unter den Burgen des hohen Mittelalters die bedeutendste neben der Wartburg, durch ihre Unberührtheit noch vor ihr ausgezeichnet und künstlerisch mindestens ebenbürtig."

Die Wetterau, jenes mit den Namen Main, Taunus, Lahn und Vogelsberg in etwa umschriebene Gebiet, zählte im Mittelalter, vor allem aber in der staufischen Zeit zu den bevorzugten Landstrichen des Reiches. Die Pfalzen Frankfurt am Main – der Salhof –, Gelnhausen und Friedberg bildeten ein sogenanntes „kaiserliches Dreieck", das man als „Residenzlandschaft" des nördlichen Stauferreichs bezeichnen kann. Die Sicherung der Reichsgewalt an diesen Brennpunkten des Imperiums konnte selbstverständlich nicht durch den Kaiser und König allein erfolgen, vielmehr bedurfte der Herrscher hier der Unterstützung starker und zuverlässiger Ministerialen. Dazu gehörten die Herren von Münzenberg.

Der 1162 urkundlich als Reichskämmerer fassbare Cuno II. von Münzenberg ist stets in der unmittelbaren Umgebung Friedrich Barbarossas zu finden; er begleitete ihn auf nahezu allen Italienzügen. Cunos Vater Conrad von Arnsburg hatte den Münzenberg bereits 1152 mit dem Abt von Fulda gegen einen Hof getauscht und mit dem Bau der Burg begonnen. Neuere Forschungen wollen allerdings wissen, dass erst Cuno selbst die gewaltige Anlage geplant und die Bauarbeiten geleitet hat. Die Bauausführung zeigt manche nachträglich korrigierten Messfehler, die darauf schließen lassen, dass ein geschulter Werkmeister fehlte. Cunos Werk, dem noch der Westturm fehlte, präsentierte sich vor allem von Süden

schon damals als wahrhaft königlicher Bau. Vor allem der Palas zeugt ungeachtet des ruinösen Zustands mit seinen reichverzierten Arkaden bis heute von herrschaftlichem Anspruch. Die gesamte Anlage wurde durch den Bau des Westturms ab 1250 durch Ulrich II. von Münzenberg vollends zum Inbegriff höchster staufischer Ministerialenherrlichkeit und gleichzeitig staufischer Hochkultur. Ihre künstlerische Bedeutung verdankt die Burg dem un-

Burg Münzenberg, Südpalas und Westturm

gewöhnlich reichen bildhauerischen Schmuck, für den zwei Meister aus der nahegelegenen Prämonstratenserabtei Ilbenstadt verantwortlich zeichneten.

Die Geschichte der Ministerialenfamilie endete 1255 mit dem Tod des kinderlosen Ulrich II. – das Erbe fiel an die Familien seiner sechs verheirateten Schwestern. Von diesen kaufte Philipp von Falkenstein bis 1270 etwa fünf Sechstel der Burganlage auf und erweiterte sie durch den Bau des Nordpalas, heute als „Falkensteiner Bau" bezeichnet. Im Hinblick auf den Streit mit seinen Hanauer Vettern verstärkte Philipp den Mauerring beträchtlich. Seine Familie verlegte jedoch ihren Sitz bald nach Lich, wo sie 1418 ausstarb. Weitere Erbteilungen brachten die Familien Eppstein, Isenburg, Solms und Hanau in späteren Jahren ganz oder teilweise in den Besitz des Münzenbergs. Verfallserscheinungen im Dreißigjährigen Krieg leiteten den teilweisen Abbruch der riesigen Anlage ein. Erst 1847 kam es zu ersten Erhaltungsmaßnahmen, jedoch unterblieb die geplante Wiederherstellung des Südpalas. Seit 1960 erbrachten wissenschaftliche Grabungen neue Erkenntnisse über die Baugeschichte der Burg.

Die Kernburg folgt in West-Ost-Ausrichtung der Form des ovalen Basalthügels. Die beiden beherrschenden, sich nach oben leicht verjüngenden runden Bergfriede haben ihr den Namen „Wetterauer Tintenfass" gegeben. Am Zugang von Süden steht anstelle einer Vorburg das Hattsteiner Herrenhaus aus dem 16. Jahrhundert. Über das äußere gelangt man zum inneren Burgtor unter der Burgkapelle, die am Ende des 13. Jahrhunderts um ein Geschoss erhöht wurde. Von ihrem romanischen Urbau ist so gut wie nichts erhalten.

Der bedeutendste Teil der Burg, der Südpalas, besteht aus zwei Hälften. Sie sind durch Fensterarkaden und Kleeblattpforten reich gegliedert. In den beiden abgegangenen Obergeschossen befanden sich Wohnräume und der Festsaal. Der gegenüberliegende, ebenfalls dreigeschossige Nordpalas im Falkensteiner Bau aus dem 13. Jahrhundert zeigt schon fast durchweg gotische Formensprache.

Der seit 1847 als Aussichtsturm dienende Ostturm der Burg ist rund dreißig Meter hoch und war einst weiß verputzt. Sein ursprünglicher Zugang liegt etwa zehn Meter über dem Burghof. Der jüngere Westturm ist 26,50 Meter hoch und nicht zu besteigen.

Münzenberg repräsentiert die letzte große Blütezeit der mittelalterlichen deut-

Burg Münzenberg, Blick zum Westturm

schen Reichsherrlichkeit, die sich noch auf eine straffe Organisation von Pfalzen, Reichs- und Ministerialenburgen stützen konnte.

Burgruine Münzenberg
35516 Münzenberg
Telefon: 06004/2928
Fax: 06004/914965

Homepage: www.schloesser-hessen.de/schloesser/muenzenberg/muenzenberg.htm

Kloster Arnsburg

Der Reichsministeriale Cuno I. ist in der zweiten Hälfte des 11. Jahrhunderts als Besitzer umfangreicher Reichslehen in der Wetterau urkundlich belegt. Sein Sohn Conrad stiftete 1151 am Platz eines längst abgegangenen Römerkastells bei der Arnsburg ein Kloster, das von Benediktinern aus Siegburg besiedelt wurde. Kurz darauf tauschte er vom Kloster Fulda einen nahe gelegenen, mit Minze bewachsenen Hügel ein und baute darauf mit Hilfe des Reiches die Burg Münzenberg, auf die, wie oben berichtet, sein Sohn, der Reichskämmerer Cuno II., übersiedelte. 1171 entsandte der Abt von Clairvaux Zisterziensermönche aus Eberbach zur Arnsburg. Diese erbauten im nahegelegenen Tal der Wetter ein Kloster nach der Regel des hl. Bernhard. Die Kirche war um 1246 vollendet. Kaiser Friedrich II. stattete das Kloster kurz vor seinem Tod mit wichtigen Privilegien aus, unter anderem mit der Schutzvogtei über die staufische Burg Friedberg. Seiner Lage entsprechend wurde das Kloster Arnsburg für die Entwicklung der Landwirtschaft im weiten Umkreis zum Vorbild, was aus dem Inhalt von mehr als zweitausend erhaltenen Urkunden und mehreren sogenannten „Ackerbüchern" hervorgeht.

Trotz beginnender Verarmung im 14. und 15. Jahrhundert konnte sich das Kloster 1525 den Plänen zur Säkularisierung durch den hessischen Landgrafen Philipp den Großmütigen erfolgreich widersetzen und trotz

Kloster Arnsburg, Ruine der Klosterkirche

schlimmer Zerstörungen seine Existenz als „katholische Insel" in der protestantischen Landgrafschaft bis 1803 bewahren. Die Mönche verließen die Klausur, als die Grafen von Solms-Laubach das Kloster besetzten. Seine umfangreiche Bibliothek befindet sich heute in Laubach, das Archiv in der Stadt Lich. Die Klosterkirche wurde 1812 zum Abbruch freigegeben, jedoch rettete die staatliche Denkmalpflege große Teile der Ruine, so dass von dem 85 Meter langen Mittelschiff noch große Teile erhalten sind. Von hier führt eine Treppe zum ehemaligen Dormitorium mit prächtigem Spitzbogengewölbe. Vom Kreuzgang des Klosters, dessen Fundament 1958/60 freigelegt und der teilweise aufgemauert wurde, blickt man auf das Südschiff der Klosterkirche. Hier hat der Volksbund Deutsche Kriegsgräberfürsorge eine vorbildliche Anlage für nahezu fünfhundert Kriegstote eingerichtet.

Grabungen förderten 1984 außerhalb des Pfortenbaus des Klosters ansehnliche Reste der ehemaligen Burg Arnsburg, des Vorläufers der Burg Münzenberg, zutage.

Freundeskreis Kloster Arnsburg
Kloster Arnsburg, Bursenbau
35423 Lich
Telefon: 06404/62 198
Telefax: 06404/665 448

Mail:
freundeskreis@kloster-arnsburg.de
Homepage: www.kloster-arnsburg.de
Einkehr: Alte Klostermühle,
www.alte-klostermuehle.de

4 Seligenstadt und Büdingen

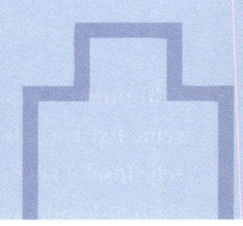

Seligenstadt

Zum Ursprung von Seligenstadt am Main im heutigen Kreis Offenbach gibt es mehrere Legenden, von denen diejenige den plausibelsten historischen Kern besitzt, in der berichtet wird, Kaiser Karl der Große habe nach Rückkehr von der Jagd in einem Haus am Mainufer seine entführte Tochter angetroffen und beglückt ausgerufen: „Selig die Stadt, da ich meine Tochter wiederfand!"

In der Tat reichen die urkundlichen Belege für die Existenz von Seligenstadt bis in karolingische Zeit zurück. Der Sohn Karls des Großen, Ludwig der Fromme, schenkte am 18. Januar 815 königliche Güter im Odenwald und im Maingau an Karls Biographen Einhard, der aus deren Einkünften zwei von Kaiser Diokletian enthauptete christliche Märtyrer angemessen

Seligenstadt, das „Palatium"

begraben lassen wollte. Im Jahr 831 begann Einhard mit dem Bau einer Basilika und gründete ein Benediktinerkloster, dessen erster Laienabt er selbst wurde. Das Kloster erwarb in den folgenden Jahrhunderten reichen Besitz in etwa vierzig Orten zwischen Bad Nauheim und Miltenberg und konnte sowohl die Konventsbauten als auch die Klosterkirche wesentlich vergrößern und kostbar ausstatten. 1063 wurde Seligenstadt mainzisches Eigenkloster, unter Kaiser Friedrich Barbarossa staufisches Reichslehen.

Die günstige Verkehrslage am schiffbaren Main förderte schon damals Handel und Gewerbe in der Stadt, zudem war Seligenstadt die letzte Station für den Kaiser und sein Gefolge auf dem Weg zu den zahlreichen Reichstagen in Frankfurt. Das war wohl der Grund für den Bau des sogenannten „Palatiums" am Mainknie durch Kaiser Friedrich II., als dieser um 1235/40 wegen seines unbotmäßigen Sohnes Heinrich (VII.) in Deutschland weilte. Dass der Bau nicht als befestigte Reichspfalz gedacht war, beweist seine Bezeichnung als „Castrum" im Jahr 1266.

Nach der Zerstörung durch einen verheerenden Brand im Jahr 1462 wurde die Ruine in den Stadtmauerring einbezogen. Der rechteckige Quaderbau von knapp fünfzig Meter Länge besitzt bis heute eine repräsentative Mainfront. Der Fassade vorgelegt ist ein großer Altan, der den einstigen Wohncharakter unterstreicht. Der Bau war durch zwei Eingänge im Erdgeschoss zugänglich. Im Obergeschoss ist die ursprüngliche Raum-

Tourist-Info
Marktplatz 1
63500 Seligenstadt
Telefon: 06182/87177
Fax: 06182/87170
Mail: touristinfo@seligenstadt.de
www.seligenstadt.de

Ehemalige Benediktinerabtei Seligenstadt
Klosterhof 2
63500 Seligenstadt
Telefon: 06182/829882
Fax: 06182/28726
www.schloesser-hessen.de/schloesser/seligenstadt/seligenstadt.htm

aufteilung noch abzulesen. Hier befanden sich Festsaal und Kapelle zwischen je einer beheizbaren Kemenate. Die künstlerische Ausschmückung des Palatiums bilden in erster Linie die vielfältigen Kapitellformen und die Bogenfelder der Türen.

Ähnlich wie Gelnhausen besitzt auch Seligenstadt noch ein romanisches Steinhaus in der Stadt. Es wurde nach neuen Forschungen 1187 – also noch zu Lebzeiten Barbarossas – erbaut. Der verputzte Bruchsteinbau mit zwei rundbogigen Durchfahrten wurde, nachdem sein Abbruch bereits beschlossen war, zwischen 1980 und 1983 in Zusammenarbeit mit dem Hessischen Landesamt für Denkmalpflege vom Fundament bis zum Staffelgiebel behutsam restauriert.

Burg Büdingen, Innenhof

Büdingen

In Büdingen im Wetteraukreis, am Rand eines riesigen ehemaligen Reichsforstes gelegen, besitzt die eindrucksvolle, bis heute von den Fürsten zu Isenburg bewohnte und teilweise als Museum zugängliche Wasserburg noch zahlreiche Merkmale eines staufischen Herrensitzes. Herren von Büdingen sind seit 934 urkundlich nachweisbar. Hartmann von Büdingen erbaute nach 1166 große Teile des heutigen Schlosses – er war auch im Besitz von Teilen des alten Bannforstes.

Nach dem Aussterben der Büdinger im Mannesstamm zählte neben anderen Ludwig von Isenburg aus einem rheinischen Uradelsgeschlecht zu den

Erben. Diese Familie verwaltet die Herrschaft heute in der 22. Generation und bewahrte sie trotz vorübergehender Teilungen und Übertritt zum Protestantismus im 16. Jahrhundert vor jeglicher Zersplitterung. 1815 wurde der größere Teil der Grafschaft dem Fürstentum Hessen-Darmstadt einverleibt, der Rest fiel an Kurhessen.

Zu den ältesten Bauteilen der einstigen Wasserburg gehören die Außenmauern des dreizehneckigen Kernbaus, der in der staufischen Zeit um Palas, Kapelle und Bergfried erweitert wurde. Letzterer erhielt im 15. Jahrhundert seinen oberen Abschluss. Der Palas war ursprünglich über eine Freitreppe zugänglich; seine romanischen Fenster erhellen bis heute die sogenannten „byzantinischen Zimmer". Die Schlosskapelle ist noch immer durch das ursprüngliche Rundbogenportal aus dem frühen 13. Jahrhundert zugänglich. Der Kapellenbau selbst wurde im gotischen Stil zwischen 1495 und 1497 errichtet; er beeindruckt vor allem durch das gleichzeitig geschaffene Chorgestühl von Peter Schantz und Michael Schilge aus Worms. Die ständige Präsenz der Eigentümer-Familie brachte es mit sich, dass das Büdinger Schloss bis zum Beginn des 19. Jahrhunderts mehrfach umgebaut und teilweise durch Neubauten erweitert wurde.

Die heutige Friedhofskirche St. Remigius verdient besondere Beachtung. Das Patrozinium deutet darauf hin, dass hier schon in karolingischer Zeit ein Kirchenbau stand, der vermutlich um die Mitte des 13. Jahrhunderts der heutigen Kirche Platz machte.

Büdinger Tourismus und Marketing GmbH
Marktplatz 9
63654 Büdingen

Telefon: 06042/96370
Mail: info@buedingen-touristik.de
www.buedingen-touristik.de

5 Gelnhausen

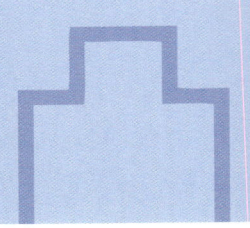

Kaiserpfalz

Die ehemalige Reichsstadt Gelnhausen im hessischen Kinzigtal verdankt ihre Entwicklung dem Aufstieg und der Blüte des staufischen Geschlechts. Alle bedeutenden Baudenkmäler, von denen einige zu den glanzvollsten Zeugnissen der spätromanischen Baukunst zählen, sind in der Regierungszeit der Stauferkönige und -kaiser entstanden.

Kaiser Friedrich I. Barbarossa (1152–90) ist zwar der Gründer der Stadt Gelnhausen, als Erbauer der Pfalz auf der von der Kinzig umflossenen Insel scheidet er jedoch aus, da diese erst im letzten Jahrzehnt des 12. Jahrhunderts und daher fast ausschließlich in der Regierungszeit Kaiser Heinrichs VI. (1190–97) errichtet wurde. Ohne Zweifel gehen jedoch die Planungen in die Zeit der Stadtgründung zurück. Barbarossa hielt sich zwischen 1170 und 1186 mindestens fünf Mal in Gelnhausen auf; von seinem Nachfolger sind in fünf Jahren mindestens vier längere Besuche beurkundet. Ebenso waren Philipp von Schwaben, Friedrich II. und Heinrich (VII.) mehrmals in Gelnhausen. Im Jahr 1207 fand in der Stadt die Vermählung der Tochter Philipps von Schwaben statt.

Nach der Verpfändung der Pfalz durch Kaiser Karl IV. setzte deren allmählicher Verfall ein. Auf dem umgebenden Gelände errichteten die Burgmannen ihre Häuser, die zum Teil bis heute erhalten sind, aus dem Abbruchmaterial der Pfalzbauten. Lediglich die Burgkapelle blieb bis zum Jahr 1811 in Benutzung. Erst 1858 erfolgten erste Maßnahmen zur Erhaltung der Pfalzrelikte. Ihre wissenschaftliche Erforschung wurde seit 1929 intensiv betrieben.

Kaiserpfalz Gelnhausen, Torturm und Palas

Die Lage auf der Kinziginsel machte es notwendig, das feuchte Grundstück, das für den Bau der Pfalz vorgesehen war, durch einen riesigen Pfahlrost zu festigen. Der Zugang zu der erhalten gebliebenen zweischiffigen Torhalle war ohne Zugbrücke möglich. Der dreijochige, mit Gurtbögen gewölbte Bau zeigt an seiner Hofseite eine reiche ornamentale Gliederung, die in einem hervorragenden Kapitell, das einen siegreichen Adler und einen ihm unterlegenen Hasen zeigt, ihren Höhepunkt findet. Wie bei mittelalterlichen Wehranlagen üblich, lag über der Toranlage die ebenfalls dreijochige Pfalzkapelle, deren sakralen Charakter das sauber verfugte Mauerwerk unschwer zu erkennen gibt. Dem Schutz des Zugangs diente ein ursprünglich wohl wesentlich höherer Buckelquaderturm. Im Osten der Anlage sieht man noch die unteren Steinlagen eines mächtigen, jedoch nie vollendeten runden Bergfrieds. Eine Notwendigkeit dafür war wohl nie gegeben, da die fortifikatorische Durchbildung der Pfalzanlage stets dem Repräsentationsbedürfnis der kaiserlichen Residenz untergeordnet war.

Dafür sprechen vor allem die bedeutenden, leider nur noch in zwei Geschossen erhaltenen Ruinen des Palas. Sein durch kleine Fenster gekennzeichnetes Untergeschoss ist durch eine Rundbogenöffnung zugänglich. Zum Kleeblattportal des ersten Obergeschosses führte einst eine hölzerne Freitreppe. Das Portal wird rechts von einem fünffachen, links von zwei dreifachen Arkadenbögen begleitet. Deren Kapitelle sind mit den verschiedensten Ornamenten geradezu übersponnen und zählen so zum Erlesensten, was an stauferzeitlicher Bildhauerkunst überliefert ist. Der „Barbarossakopf" an der Palaswand ist in seiner Zuschreibung höchst umstritten. In der Literatur wird der Menschenkopf mehrfach auch als „Allegorie der Eitelkeit" bezeichnet. An der Rückwand des Palas und damit an der Ringmauer der Anlage haben sich zwei mächtige Kaminkonsolen, gestützt von Achtecksäulen, erhalten, seitlich flankiert von großen Schmuckplatten mit vorzüglichen Flechtbandornamenten.

Vom Obergeschoss des Palas sind nur noch wenige Einzelheiten erkennbar. Der vermutlich der Abhaltung von Reichsversammlungen dienende Saal war niedriger als der untere Raum, seine Architekturteile waren zierlicher.

Auffallend ist an der Pfalz zu Gelnhausen die große Zahl von rund fünfzig Steinmetzzeichen. Ihnen zufolge waren am Bau etwa zehn Meister unter der Oberleitung von Hartmann von Büdingen, Vogt des nahegelegenen Reichsforstes, tätig.

Kaiserpfalz Gelnhausen
Burgstraße 14
63571 Gelnhausen
Telefon: 06051/3805
Fax: 06051/16787
Homepage:
www.schloesser-hessen.de/
schloesser/gelnhausen/
gelnhausen.htm

Öffnungszeiten
März bis Oktober dienstags
bis sonntags 10–17 Uhr
November/Dezember dienstags
bis sonntags 10–16 Uhr
Letzter Einlass 1/2 Stunde vor
Schließung, montags nur nach
Voranmeldung
Winterpause vom 23.12. bis Ende
Februar

Marienkirche und Peterskirche

Neben der Kaiserpfalz bietet die ehemalige Reichsstadt Gelnhausen ein weiteres bedeutendes Zeugnis stauferzeitlicher Baukunst, die heutige evangelische Marienkirche. 1168 von Graf Dietmar von Gelnhausen gestiftet, dürfte der bestens erhaltene Bau um 1170 unter Friedrich Barbarossa errichtet worden sein. Bedingt durch die wachsende Bedeutung der Stadt wurden wenig später mehrere Um- und Erweiterungsbauten notwendig. Dabei kam es unter anderem zur Erhöhung des Westturms. Noch in der staufischen Epoche, um 1225, ist der Kirchenbau durch den am Mittelrhein und in Burgund geschulten Baumeister Heinrich Vingerhut vollendet worden. Er zeichnete für den Bau des Querhauses mit Vierung und Kuppelturm, den großartigen Chor und die unteren Bereiche der Osttürme verantwortlich. Möglicherweise geht auf ihn auch der Bau des berühmten Lettners zurück. Diese dreiseitige „Bühne" fasziniert durch die vier Jahreszeiten-Kapitelle und die Reliefs mit Darstellungen des Jüngsten Gerichts, die an einen Meister der Naumburger Schule erinnern. Zur mittelalterlichen Ausstattung des Chors gehören ferner drei der fünf Chorfenster und die Wandmalereien in den oberen Zonen des Chorquadrats. Sie sind um 1250 entstanden und wurden 1934 freigelegt. Die übrige reiche Ausstattung der Marienkirche, darunter der bedeutende Hochaltar von Nikolaus Schit, ist größtenteils spätgotisch.

Gelnhausen, Marienkirche und Romanisches Haus

Ein zweiter Kirchenbau in der Stadt, dessen Entstehung sich bis in die staufische Zeit zurückverfolgen lässt, ist die Peterskirche aus dem frühen 13. Jahrhundert. Die spätromanische Basilika wurde wohl von den Bürgern der Stadt nach Auseinandersetzungen mit dem Kloster Langenselbold in Auftrag gegeben, jedoch nie vollendet, so dass der Bau nach der Reformation von 1543 als Lagerhaus zweckentfremdet wurde. 1832 wurden die romanischen Rundtürme und der Chor abgerissen. Erst nach 1920 erfolgte die Wiederherstellung des ursprünglich geplanten Zustands, so dass der Bau 1938 als katholische Stadtpfarrkirche geweiht werden konnte.

Interessenten an stauferzeitlichen Bauten finden am Untermarkt der Stadt den einstigen Amtssitz des kaiserlichen Schultheißen, heute als Romanisches Haus bezeichnet. Der Zustand des späten 12. Jahrhunderts wurde im 19. Jahrhundert sehr frei wiederhergestellt.

Tourist-Information
Obermarkt, hinter Haus 24
63571 Gelnhausen
Telefon: 06051/830-300
Fax: 06051/830-303
Mail: tourist-information@gelnhausen.de
Homepage: www.gelnhausen.de/Tourismus.100.0.html

6 Bad Wimpfen und die Burgen Guttenberg, Krautheim und Neipperg

Bad Wimpfen im Tal, ehem. Ritterstiftskirche St. Peter

Die Talsiedlung von Wimpfen ist ein seit der Keltenzeit besiedelter Platz an einem wichtigen Neckarübergang, der unmittelbar in das Mündungsgebiet der Flüsse Jagst und Kocher führte. Der römische sogenannte „Neckarlimes" mit den nahegelegenen Kastellen Böckingen und Walheim trug in den beiden ersten Jahrhunderten n. Chr. dazu bei, dem Lager der III. römischen Reiterkohorte Aquitaniens noch mehr Bedeutung zu verschaffen. Nach Zerstörung der Siedlung im späten 3. Jahrhundert durch die Alamannen ließen sich um 500 christianisierte fränkische Siedler an dieser Neckarfurt nieder, zu deren Schutz sie vermutlich eine Burg errichteten. Laut einer Immunitätsurkunde des Karolingers Ludwig des Deutschen aus dem Jahr 856 gehörte der Platz damals dem Bischof von Worms.

Die erste Kirche von Wimpfen im Tal wurde wohl um 955 von den Ungarn zerstört; bis etwa 970 war auf Initiative der Wormser Bischöfe Hanno und Hiltebolt der Wiederaufbau der St. Peterskirche vollendet. Seit 1068 war das mit ihr verbundene Kollegiatstift eines der vier Wormser Archidiakonate.

Von der frühromanischen Kirche blieb auch nach dem Neubau der heutigen Ritterstiftskirche in den Jahren 1269 bis 1274 das eindrucksvolle doppeltürmige Westwerk erhalten. Aus dem Ritterstift gingen vier Bischöfe hervor; dem Propst unterstanden insgesamt 89 Pfarreien. Nach dem Bauernkrieg setzte der wirtschaftliche Niedergang ein; die im 18. Jahrhundert anstehende Barockisierung der Kirche unterblieb aus Geldmangel. Die Großherzöge von Hessen verhinderten nach 1803 den Verfall der Kirche des ihnen im Reichsdeputationshauptschluss zugesprochenen Stifts. In dessen Räumlichkeiten ließen sich 1947 Benediktiner der schlesischen Abtei Grüssau nieder. Erst 1952 kam Wimpfen zum Bundesland Baden-Württemberg.

Ritterstiftskirche St. Peter
Kloster Bad Wimpfen
Lindenplatz 7
74206 Bad Wimpfen
Telefon: 07063/9704-0
www.kloster-bad-wimpfen.de

Bad Wimpfen am Berg, Kaiserpfalz

Ähnlich wie in Gelnhausen setzte die Erforschung der nördlich von Heilbronn hoch über dem Neckartal gelegenen Pfalz Wimpfen bereits im 19. Jahrhundert ein, die vor allem nach der Freilegung der Palasarkaden in den Jahren 1833/34 das Interesse der Mittelalterhistoriker auf

Pfalz Wimpfen, Palasarkaden

sich zog. Am intensivsten befasste sich Fritz Arens mit der weiträumigen Anlage – seine 1967 erschienene Monographie beruht auf einer erschöpfenden Auswertung der archivalischen Quellen und auf genauen Untersuchungen der Bausubstanz, die er durch zahlreiche vergleichende Beobachtungen untermauerte. Arens kam zu dem Schluss, dass die Bauzeit der Wimpfener Pfalz zwischen 1200 und 1220 anzusetzen ist.

Die strategisch überaus günstig gelegene Pfalzanlage verdankte ihre Entstehung mehreren Faktoren. Zum einen sollte sie die nur in geringer Entfernung verlaufende Nordgrenze des Herzogtums Schwaben schützen, mit dem die Staufer 1079 vom Kaiser belehnt worden waren. Zum anderen kreuzten sich an dieser Stelle der Neckar als wichtiger Wasserweg und die Fernstrasse, die von Paris kommend über Metz, Kaiserslautern, Worms und dann donauabwärts über Ingolstadt nach Passau verlief.

Nach dem für den 9. Februar 1182 nachgewiesenen Besuch Kaiser Friedrich Barbarossas im Ritterstift St. Peter im Tal kam es zu längeren Auseinandersetzungen der Staufer mit den Wormser Bischöfen. Das führte dazu, dass erst seit 1218 wieder von Aufenthalten staufischer Herrscher in der nun vollendeten Pfalz die Rede ist. In diesem Jahr weilte Friedrich II. mit seinem Sohn Heinrich in Wimpfen. Dieser, seit 1220 deutscher König und zunehmend in Gegensatz zur Politik seines Vaters geratend, unterwarf sich hier am 2. Juli 1235 dem Kaiser. Seit jener Zeit scheint die Pfalz Wimpfen von Mitgliedern der staufischen Familie kaum noch aufgesucht worden zu sein.

Die Pfalz ist in Teilen frei zugänglich.

Tourist-Information
Bad Wimpfen
Carl-Ulrich-Straße 1

74206 Bad Wimpfen
Telefon: 07063/97200
Fax: 07063/972020
Mail: info@badwimpfen.de
www.badwimpfen.de

Etwa gleichzeitig mit dem Bau der Pfalz muss die Entstehung der Stadt Wimpfen auf dem westlich vorgelagerten Eulenberg erfolgt sein. Bereits 1224 ist von „cives", also Bürgern, die Rede, und 1241 wird die Stadt Wimpfen im Reichssteuerverzeichnis mit vierzig Mark Silber – zum Vergleich: Gelnhausen mit zweihundert Mark – veranlagt.

Die weitere Entwicklung der späteren Reichsstadt, die mehrere Klöster und Adelshöfe, allen voran den Wormser Hof in ihre Mauern aufnahm, führte zur allmählichen Zerstörung der historischen Bausubstanz der Kaiserpfalz. So blieb vom Palas nur die eindrucksvolle Reihe der aus zierlichen Doppelsäulen bestehenden Talarkaden erhalten. Die einst unmittelbar mit der Ostwand des Saalbaus verbundene Nikolauskapelle diente bis ins 19. Jahrhundert sakralen Zwecken und blieb so weitgehend in ihrem ursprünglichen Zustand. Durch den erst im 16. Jahrhundert hochgezogenen Stufengiebel ist das sogenannte „Steinhaus" westlich des Palas stark verändert worden. Der heute museal genutzte Bau enthält jedoch noch genügend Hinweise auf seine Entstehung zwischen 1220 und 1230.

Die beiden Bergfriede – der mit Buckelquadern von klassischer Schönheit sorgfältig gemauerte Rote Turm mit Kamin und Aborterker und der durch seine Aufbauten von 1848 das Stadtbild dominierende Blaue Turm – markieren ähnlich wie bei der Burg Münzenberg in der Wetterau die Ost-West-Ausrichtung der Anlage. Sie verleihen der Wimpfener Pfalz in Verbindung mit ihrer Lage über dem steil zum Neckar abfallenden Prallhang eine imponierende Fernwirkung.

Burg Guttenberg

Burg Guttenberg, wenige Kilometer nördlich von Bad Wimpfen über dem Neckar gelegen, zählte zu den zahlreichen Wehranlagen, die zum Schutz der Kaiserpfalz in Wimpfen erbaut wurden – in diesem Fall vor allem gegen den Bischof von Würzburg.

Burg Guttenberg, Torbau

Herren von Guttenberg werden erstmals 1232 als Lehnsleute des Bischofs von Worms erwähnt, wenig später überwiegt der Einfluss der Staufer. Nach deren Untergang fiel die Burg an die Herren von Weinsberg, die sie 1449 um sechstausend Gulden an Hans den Reichen von Gemmingen veräußerten. An ein Mitglied dieses Geschlechts, Erzbischof Uriel von Gemmingen (1508–14), erinnert ein berühmtes Grabmal des Bildhauers Hans Backoffen im Mainzer Dom. Nach Einführung der Reformation im Jahr 1522 wurde die Burg Zufluchtstätte für verfolgte evangelische Geistliche. Trotz Androhung der Reichsacht durch Kaiser Karl V. und ernster kriegerischer Auseinandersetzungen blieb Guttenberg dank des diplomatischen Geschicks derer von Gemmingen, welche die Burg bis heute besitzen, stets unversehrt. Beeindruckt von der wunderschönen Anlage verfasste der Dichter Wilhelm Hauff dort im Jahr 1825 die Novelle „Das Bild des Kaisers".

Burg Guttenberg
Bernolph Frhr. v. Gemmingen-Guttenberg
74855 Haßmersheim-Neckarmühlbach
Telefon: 06266/228
Fax: 06266/91023
Mail: info@burg-guttenberg.de
www.burg-guttenberg.de
Übernachtungs- und Einkehrmöglichkeit auf der Burg

Die Burganlage zeichnet sich durch den in der Regierungszeit Kaiser Friedrichs II. aus Buckelquadern erbauten, 46 Meter hohen Bergfried aus. Aus derselben Zeit stammt die kolossale Schildmauer. Sie ist achtzehn Meter hoch und erhebt sich zusammen mit der Ringmauer über einem hufeisenförmigen Grundriss.

Die Wohn- und Wirtschaftsgebäude der Burg sind vorwiegend spätmittelalterlich, teilweise auch barock. Die museale Ausstattung umfasst bedeutende Kunstwerke. Von besonderem Interesse ist die Holzbibliothek, in der Pater Candid Huber die botanischen Merkmale jeder Baumart in neunzig Bänden zusammengefasst hat.

Burg Krautheim, Bergfried

Burg Krautheim

In unmittelbarer Nachbarschaft des einstigen Zisterzienserklosters Schöntal liegt hoch über dem Jagsttal die „Götzenburg" Krautheim. Diese Bezeichnung geht auf den berühmt-berüchtigten Ritter Götz von Berlichingen zurück, der in seiner um 1500 verfassten Lebensbeschreibung vermerkt, er habe in einer heftigen Auseinandersetzung mit dem Amtmann von Krautheim diesem das inzwischen als „Schwäbischer Gruß" bekannte Schimpfwort zugerufen.

Ihre historische Bedeutung verdankt die Burg jedoch der Stauferzeit, genauer gesagt der Epoche Gottfrieds von Hohenlohe, der sie zu Beginn des 13. Jahrhunderts mit Hilfe des staufischen Herzogs von Schwaben großartig ausbaute. Damals wurden die Hochmantelmauer und der Palas errichtet und wurde mit dem Bau der Burgkapelle begonnen. Diese war neuen Forschungen zufolge zur zeitweiligen Aufbewahrung der Reichskleinodien bestimmt. Dafür sprechen neben der Herrschaftsempore in der Kapelle mit ihrem berühmten Adlerkapitell auch die reichen Ornamente an Fenstern, Portalen und Kapitellen der durch einen starken runden Bergfried und eine nahezu zwanzig Meter hohe Schildmauer geschützten Burg, deren jetziger Eigentümer die Deutsche Burgenvereinigung, Landesgruppe Baden-Württemberg ist.

Stadt Krautheim
Burgweg 5
74238 Krautheim/Jagst
Telefon: 06294/98-0
Fax: 06294/98-48
Mail: stadt@krautheim.de
www.krautheim.de

Burg Neipperg

Wie Burg Stetten ist auch Neipperg bis heute im Besitz der namengebenden Familie. Die Burg liegt auf einer Anhöhe des Heuchelbergs, der mit dem südlich sich erstreckenden Stromberg die weingesegnete Landschaft des Zabergäus bildet.

Neipperg ist sowohl von Brackenheim als auch von Heilbronn aus leicht zu erreichen. Das Bild der Burg bestimmen schon aus der Ferne zwei gewaltige viereckige Türme. Bei näherer Betrachtung stellt sich heraus, dass es sich bei der Anlage um zwei unmittelbar nebeneinander liegende Burgen handelt, die baulich völlig getrennt sind. Beide Burganlagen sind in der staufischen Herrschaftsepoche entstanden. Die „Untere Burg" liegt auf der leicht abfallenden Bergspitze und besitzt einen frei im Mauerbering stehenden quadratischen Bergfried. Bergseitig ist sie durch einen Halsgraben von der „Oberen Burg" getrennt, deren Charakteristikum ein mächtiger quadratischer Wohnturm, ein „Donjon", ist. Dieser enthält im zweiten Obergeschoss einen durch Luftschlitze kaum erhellten Raum mit einem unerwartet großen, wohlerhaltenen offenen Kamin aus der Erbauungszeit der Burg um 1220. Nach außen zeigt sich noch – selten genug erhalten – der frühgotische, mit einem Kreuzdächlein bedeckte Kaminkopf. Für die Bewohnbarkeit des Turms sprechen auch ein gewölbter Sommerwohnraum mit schönen Ornamenten und die darüber liegende Dachterrasse.

Es ist zu vermuten, dass die „Obere Burg" von einer Burgmannenfamilie ständig bewohnt war, welche die Aufgabe hatte, die geräumigere „Untere Burg" für höhere Herrschaften und deren Gefolge bereitzuhalten.

Vorburg und untere Burg frei und jederzeit zugänglich, obere Burg privat und nicht zugänglich.

Tourist-Info
Im Rondell
Heilbronner Straße 36
74336 Brackenheim
Telefon: 07135/933-525
Fax: 07135/933-526

7 Schwäbisch Hall, Ilshofen und Kocherstetten

Schwäbisch Hall

Hall verdankt seine Entstehung – wie der Name nahe legt – einer Salzquelle. Sie war bereits in vorrömischer Zeit bekannt – ein keltisches Dorf aus der Zeit um 500 v. Chr. ist durch Grabungen und zahlreiches Fundmaterial bezeugt. Das Dorf scheint im zweiten nachchristlichen Jahrhundert mitsamt der Salzquelle verschüttet worden zu sein. Um 800 n. Chr. wiederentdeckt, wurde diese zum Anlass für die Gründung einer Siedlung. Diese liegt bis heute größtenteils auf dem Schuttkegel des erwähnten Erdrutsches.

Die 1037 erstmals genannte Niederlassung befand sich zunächst zur Hälfte, später ganz in Händen der Grafen von Comburg. Nach deren Aussterben im Jahr 1116 erwarb der staufische Schwabenherzog den Ort, der bereits 1156 von Kaiser Friedrich Barbarossa zur Stadt erhoben wurde. Die Salzgewinnung vermehrte rasch deren Ansehen und Reichtum, sodass sie schon unter den Staufern das Münzrecht erhielt. Diese kleinwertigen Zahlungsmittel enthielten pro Stück 0,6 Gramm Silber und wurden in ihrem großen Verbreitungsgebiet als „Heller" bezeichnet. Die „roten Heller" waren Fälschungen aus Kupfer, die lediglich mit einer Silberlösung überzogen waren, die sich rasch verflüchtigte.

Seit dem Ende der Stauferzeit kam es immer wieder zu heftigen Auseinandersetzungen zwischen der wohlhabenden Stadt und den unmittelbar benachbarten Schenken von Limpurg, die im Reich über großen Einfluss und wichtige Ämter verfügten. 1276 bestätigte Kaiser Rudolf von Habsburg ausdrücklich die Unabhängigkeit der Stadt, das heißt ihre Reichsfreiheit,

Schwäbisch Hall, St. Michaelskirche

was ein weiteres Aufblühen – nur kurz unterbrochen durch den Stadtbrand 1316 – zur Folge hatte. Erst der Dreißigjährige Krieg vernichtete die politische Macht der Stadt, die am 31. August 1728 bei einem erneuten Brand, der rund vierhundert Gebäude vernichtete, ihren schwersten Schicksalsschlag erlitt. Lediglich das Viertel um die Michaelskirche, den sogenannten Neubau und die beiden Herrngassen blieb verschont. Der Wiederaufbau der zerstörten Stadtteile schritt – nun im Zeichen des Barocks – rasch voran, so dass Schwäbisch Hall zu Beginn des 19. Jahrhunderts, als es Württemberg eingegliedert wurde, zu den wohlhabendsten Städten des jungen Königreichs zählte. Nach Entdeckung der großen Steinsalzlager in der Heilbronner Gegend um 1830 wurde die Haller Soleversiedung eingestellt; die Nachkommen der ehemaligen Sieder beziehen bis heute eine jährliche Rente.

Bedeutendstes Baudenkmal der Stadt Schwäbisch Hall ist die Stadtkirche St. Michael am Markt gegenüber dem spätbarocken Rathaus. Zur Kirche führt eine durch die jährlichen Festspiele und andere Anlässe weithin bekannte 54-stufige Treppe empor, die vor dem romanischen Westturm endet. Die vier unteren Geschosse dieses Turms sind die letzten

Reste der schon in frühstaufischer Zeit erbauten ersten Michaelskirche, als deren Weihedatum das Jahr 1156 gilt. Damals waren allerdings erst die östlichen Teile der flachgedeckten Basilika mit den beiden Chortürmen fertiggestellt; die Vollendung des mächtigen Westturms erfolgte 1190, im Todesjahr Friedrich Barbarossas. Die Eingangshalle mit dem ältesten Kreuzgewölbe weit und breit, in der um 1290 die Plastik des hl. Michael aufgestellt wurde, zählt zu den herausragenden Sehenswürdigkeiten der an Baudenkmalen gewiss nicht armen Stadt.

Dass die staufische Basilika zu Beginn des 15. Jahrhunderts einem Neubau weichen musste, ist sicherlich zu bedauern, doch gehört dieser zu den besonderen baulichen Leistungen der Spätgotik, vor allem der zwischen 1494 und 1527 errichtete Chor – das Langhaus war bereits 1456 vollendet –, den man schon als „ein strahlendes Abschiedsgeschenk der sterbenden Gotik" bezeichnet hat. Diese spätmittelalterliche Epoche versah St. Michael mit einer überreichen Fülle hervorragender Kunstwerke, die durch die konservative Einstellung des im Jahr 1522 nach Hall berufenen Reformators Johannes Brenz größtenteils bis in die Gegenwart erhalten blieben.

Zu den Sakralbauten Halls, deren Anfänge noch in die staufische Epoche zurückreichen, gehört auch die Stadtkirche St. Katharina im Stadtteil „jenseits Kochens". Ihr Ostturm und der später gotisch erneuerte Chor wurden um 1240 erbaut.

Touristik
Stadt Schwäbisch Hall
Am Markt 9
74523 Schwäbisch Hall
Mail: ebtouristik.service@schwae-
bischhall.de
Homepage:
www.schwaebischhall.de

Stadtkirche St. Michael
1. März bis 14. November
Montag bis Freitag geöffnet
15. Nov. bis 28. Februar
Montag bis Sonntag geöffnet

Ilhofen, Ruine Leofels

Auf der Gemarkung der Stadt Ilshofen liegt über der Jagst die sehenswerte Ruine der ehemaligen Reichsburg Leofels. Die staufische Anlage war ursprünglich ein Querrechteck mit zum Teil abgeschrägter Südseite. Eine mächtige Schildmauer aus prächtigen Buckelquadern schützte die auf einem steil abfallenden Bergsporn gelegene Burg auf der Angriffsseite. Hinter ihr stand der heute nahezu verschwundene Bergfried. Innerhalb des gut erhaltenen Mauerrings befanden sich zwei stattliche Gebäude, von denen der einst zweifellos mit Gelnhausen vergleichbare Palas nur noch in geringen Resten erkennbar ist. Weit besser ist die Ruine eines Wohnbaus an der nördlichen Ringmauer erhalten. Dieser zeichnet sich durch eine Reihe doppelter Fensteröffnungen mit reich ornamentierten Mittelsäulchen aus. Vermutlich befand sich hinter dieser repräsentativen Fensterreihe die Wohnung des Burghauptmanns, der die Reichsburg Leofels für Besuche hoher Beamter, vielleicht sogar des Kaisers instand zu halten hatte.

Nach dem Untergang der Staufer wird der Bischof von Würzburg als Herzog von Franken Lehnsherr der Burg. In der zweiten Hälfte des 14. Jahrhunderts gelangte Leofels in die Hand des Herzogs von Württemberg, der es 1409 an die Herren von Vellberg veräußerte. Damals wurden wohl die bis heute erhaltenen Palasgewölbe eingezogen. Brandrötungen in dem kleineren Wohnbau lassen vermuten, dass dieser im späten

Die Ruine ist frei zugänglich.
www.burgschauspiele.de

Stadtverwaltung Ilshofen
Haller Straße 1
74532 Ilshofen
Telefon: 07904/702-0

Fax: 07904/702-12
Mail: info@ilshofen.de
Homepage: www.ilshofen.de

15. Jahrhundert ausbrannte und danach in veränderter Form wieder aufgebaut wurde. Im unterhalb der Burg gelegenen Gelände, das einst als Heerlager diente, stand eine spätgotische Kapelle, deren Grundmauern jetzt die Fundamente eines Forsthauses tragen.

Der Verfall der Burg Leofels wurde im 19. Jahrhundert durch den Verkauf der beweglichen Teile – Dachziegel, Holzwerk und ähnliches – beschleunigt. Erst nach den beiden Weltkriegen kam es zu umfangreichen Erneuerungsmaßnahmen, so dass die ehemalige Reichsburg auch in ihrem ruinösen Zustand ein bedeutendes Beispiel staufischer Architektur ist, deren Besuch sich lohnt.

Ruine Leofels

Kocherstetten, Schloss Stetten

Für Stetten, auf einer Bergzunge über Kocherstetten gelegen, hat sich die Bezeichnung „Schloss" eingebürgert, obwohl es bis heute eine Burg geblieben ist und zu den ganz wenigen Anlagen zählt, die seit ihrer Erbauung im hohen Mittelalter nie zerstört wurden. Geradezu einzigartig ist die Tatsache, dass die Burg bis heute in ununterbrochener Folge von der Familie bewohnt wird, welche sie zu Zeiten Barbarossas erbaut hat. Die Anfänge des Geschlechts liegen bei Sifridus Zurech de Stetten, der im Jahr 1166 als Lehnsmann der Grafen von Hohenlohe urkundlich fassbar ist.

Der älteste Teil der Burg, das sogenannte „Innere Haus", war kurz vor 1200 vollendet. Es besteht größtenteils aus sauber bearbeiteten glatten und gebuckelten Quadern und war stets durch einen tiefen Hals-

Schloss Stetten, Bergfried und „Äußeres Haus"

graben geschützt. Der Grundriss der Burg ist ein leicht zum Trapez verschobenes Rechteck. Eine Ringmauer umzieht die Burg in gleichmäßiger Stärke an drei Seiten; zum Graben hin ist eine mächtige Schildmauer ausgebildet, deren Schutzfunktion der an der Nordostecke angebaute mächtige Bergfried eindrucksvoll unterstreicht.

Innerhalb der Ringmauer umgeben Wohn- und Wirtschaftsgebäude an drei Seiten den Burgplatz, so dass lediglich ein schachtartiger Hofraum verbleibt.

Es versteht sich von selbst, dass Burg Stetten in nachstaufischer Zeit fortifikatorisch den neuen Möglichkeiten und Notwendigkeiten angepasst wurde, glücklicherweise meist nur außerhalb des „Inneren Hauses". Ein „Äußeres Haus" wird erstmals 1412 genannt. Es wurde nach einem Brand in den Jahren 1715/16 durch einen aufwändigen Schlossneubau mit Mansarddach ersetzt.

Ein Rundgang durch die Vorburg ist ganzjährig möglich. Keine Innenbesichtigung und keine Führungen.

Stadtverwaltung Künzelsau
Stuttgarter Straße 7
74653 Künzelsau
Telefon 07940/129-0
Telefax 07940/129-110
Mail: info(at)kuenzelsau.de
Homepage: www.kuenzelsau.de

8 Steinbach, Groß- und Kleincomburg

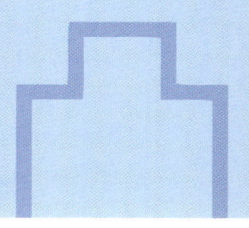

Kloster Großcomburg

Der Umlaufberg des Kochers, heute Großcomburg genannt, war für den Bau einer Burg geradezu prädestiniert: Schon um die Jahrtausendwende saßen hier die aus Rothenburg ob der Tauber stammenden Kochergaugrafen. Bereits 1079 wandelte Graf Burchard II. seinen Anteil an der Comburg in ein Benediktinerkloster um; die bald dort einziehenden Hirsauer Mönche etablierten den Platz als Hort der antikaiserlichen Partei. Das frühe Aussterben der Comburger im Jahr 1116 brachte – wohl durch verwandtschaftliche Beziehungen – den Staufern die Klostervogtei ein. Nach seinem Sieg über die welfische Feste Weinsberg weilte der erste Stauferkönig Konrad III. 1141 längere Zeit im Kloster, und fünfzig Jahre später ist der Aufenthalt Heinrichs VI. mit glänzendem Gefolge auf der Comburg bezeugt. Schon 1216 markiert die Tatsache, dass das Kloster dem Bischof von Würzburg unterstellt wurde, das Ende seiner eigentlichen Blütezeit. Diese fällt eindeutig in die Epoche zwischen 1104 und 1139, als Abt Hartwig dem Konvent vorstand. Ihm verdankt das Kloster im Wesentlichen seine hervorstechenden Bauwerke und seinen einzigartigen künstlerischen Schmuck.

Die Konzeption der Gesamtanlage des Klosters ergibt sich zum einen aus der begrenzten Fläche des Bergrückens, zum andern aus der Tatsache, dass dem Klosterstifter Burchard zunächst lediglich sein Anteil, nämlich die westliche Hälfte des Areals, für seine Gründung zur Verfügung stand. Daraus erklärt sich, dass die Konventbauten ganz nach Westen gerückt sind und dass für den Gottesdienst der Mönche anfangs nur der in den Westturm eingefügte kleine Chor zur Verfügung stand. Schon bald war es jedoch möglich, die Planung auf das gesamte Plateau auszudehnen, so dass am 21. November 1088 der Kirchenbau geweiht werden konnte. Er erfuhr in spätstaufischer Zeit – etwa zwischen 1220 und 1240 – eine Erweiterung nach Osten durch das Anfügen von drei Halbkreisapsiden und den Bau der beiden Türme, die in ihrer reichen Blattornamentik zweifellos von Faurndau und Murrhardt beeinflusst sind.

Aus der ersten Blütezeit der Comburg blieb neben Teilen des Kreuzgangs und dem nach Westen durch eine köstliche Zwerggalerie abgeschlossenen Kapitelsaal vor allem der grandiose Torbau erhalten, dessen elf Meter langer tonnengewölbter Torweg den Zutritt zum Klosterhof freigibt und über dessen Zwergarkaden die beiden von gekuppelten Doppelfenstern achtmal durchbrochenen Türmchen der Michaelskapelle aufragen. Trotz entstellender Umbauten und arger Verstümmelungen vermittelt dieses Bauwerk noch immer ein außerordentliches Erlebnis romanischer Architektur im süddeutschen Raum.

Das gilt gleichermaßen für den sechseckigen Zentralbau nördlich der Klosterkirche, dessen Zweckbestimmung nicht zweifelsfrei geklärt ist. Seine Lage neben dem Friedhof des Klosters legt den Schluss nahe, dass er als Totenkapelle diente. Eine umlaufende Zwerggalerie gereicht dem in dieser Form weit und breit einzigartigen Bauwerk zum besonderen Schmuck. Seine Entstehung dürfte um 1230 anzusetzen sein. In diese Zeit weist auch das 1940 entdeckte Fresko einer stark

Großcomburg, Michaelskapelle

Groß- und Kleincomburg

beschädigten Kreuzigungsgruppe mit Maria, Johannes Ev., Nikolaus und Heinrich. Zu beiden Seiten des Kreuzes kniet ein Stifterpaar, in dem der damalige deutsche König Heinrich (VII.) und seine Gemahlin Margaretha von Österreich vermutet werden. Heinrich empörte sich 1235 gegen seinen Vater, Kaiser Friedrich II., und starb sieben Jahre später in Gefangenschaft.

So großartig die trotz umfangreicher Um- und Neubauten vor allem im späten 16. und frühen 18. Jahrhundert erhalten gebliebenen romanischen Teile der Comburg auch sind – ihren eigentlichen Ruhm bedeuten jene beiden kunsthandwerklichen Kostbarkeiten, die Abt Hartwig um 1130/35 für die Kirche stiftete: das Antependium und der Radleuchter.

Die prachtvolle Altarvorderwand – 0,77 x 1,88 Meter groß – ist aus Kupferblech getrieben und vergoldet. In ihrem Mittelfeld steht Christus als Lehrer der Welt in der Mandorla, ihm zur Seite in zwei Reihen übereinander die Zwölf Apostel, jeweils von einem kräftigen, mit Zellenschmelzornamenten und Edelsteinen ausgelegten Rahmen eingefasst. Haltung und Ausdruck der Gestalten sind streng und würdevoll; die Jünger tragen wie ihr Meister Buch oder Schriftrolle. In frontaler Haltung stehend, wenden sie ihr Haupt Christus zu. Die die ganze Tafel und die Mandorla umlaufenden Schriftbänder sind in Niellotechnik ausgeführt und besagen, dass die, die um Christi willen alles aufzugeben bereit sind, mit der ewigen Seligkeit belohnt und am Jüngsten Tag in sein himmlisches Reich einziehen werden.

Manches spricht dafür, dass das 1965–68 in Köln hervorragend restaurierte Antependium auf der Comburg entstanden ist. Dasselbe gilt für den berühmten Radleuchter, der sich nach Größe, Aufbau und künstlerischer Qualität lediglich mit den Lichterkronen in den Domen zu Aachen und Hildesheim vergleichen lässt. Eindringlich erläutert die zweimal den Reif mit fast genau fünf Meter Durchmesser umlaufende Inschrift den Symbolgehalt der Comburger Krone. Es will kaum gelingen, die Fülle der getriebenen, durchbrochenen und eingravierten Figuren und Ornamente zu erfassen – immer wieder ziehen die zwölf Tortürme des himmlischen Jerusalems, deren Laternen in drei verschiedenen Typen wiederkehren, und die dazwischen auf den Reif aufgesetzten Brustbildmedaillons den Blick auf sich.

Diese beiden aus der ersten Phase des Klosters stammenden Werke werden ergänzt durch den erst 1948 aus seiner jahrhundertealten Versenkung im Kirchenboden gehobenen Sarkophag der Stifter. Die Tumba entstand 1180, ihre Seiten sind durch umlaufende Rundbogenarkaden geschmückt, die Deckplatte nennt die Namen der im Sarkophag Bestatteten: die Grafen Burchard und Heinrich als Stifter des Klosters, Wignand von Mainz, den großen Förderer, und Hartwig, den Abt und Bauherrn des Münsters.

Großcomburg
75523 Schwäbisch Hall-Steinbach
Telefon: 0791/938185
Fax: 0791/938186
www.comburg.de

Informations-und Medienzentrum im Museumscafé
Telefon: 0791/938185
www.schloesser-und-gaerten.de

Kleincomburg

Großcomburg, Detail des Radleuchters

Graf Heinrich ist noch besonders hervorzuheben als Gründer eines Frauenklosters auf dem gegenüberliegenden Hang, der Kleincomburg. Der 1108 erstmals erwähnte Konvent hatte Abt Hartwig zum geistigen Vater und wählte sich den hl. Ägidius zum Patron. Bereits um 1280 übersiedelten die Klosterfrauen nach Mistlau an der Jagst; der in die Klostergebäude eingezogene Männerkonvent, seit 1684 Kapuziner, stand bis zur Säkularisierung 1802 im Schatten Großcomburgs.

Die zwischen 1108 und 1120 erbaute Klosterkirche ist bis auf den 1711 abgebrochenen Vierungsturm fast unversehrt erhalten geblieben. Sie verkörpert das von dem Schwarzwaldkloster Hirsau ausgehende Bauschema in reiner Form: eine flach gedeckte Basilika mit Querhaus und einschiffigem, gerade geschlossenem Chor. Letzterer besitzt ein Tonnengewölbe; die einstigen Querhausapsiden sind nur noch als Nischen erkennbar. Die stämmigen Säulen der Langhausarkaden machen mit ihren Würfelkapitellen die Abhängigkeit des Baues von St. Aurelius in Hirsau offenkundig. Die strenge Einhaltung des gebundenen Systems entspricht den Regeln des hl. Benedikt, die von den vom cluniazensischen Geist erfüllten Hirsauer Mönchen konsequent befolgt wurden. Ikonographisch höchst interessante Freskomalerei überzieht die Wände des Chors; im Gewölbe glaubt man die älteste Darstellung der seltenen Szene „Christus in der Kelter" vor Augen zu haben – wie die übrigen Bilder leider um 1880 und noch einmal in jüngster Zeit weitgehend erneuert.

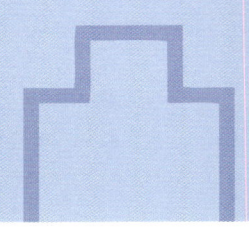

9 Oberstenfeld und Beilstein

Liebhaber stauferzeitlichen Kirchen- und Burgenbaus finden im Bereich des Bottwar- und des Murrtals östlich des mittleren Neckars einige prachtvolle Beispiele.

Tourismusgemeinschaft Marbach-Bottwartal
www.marbach-bottwartal.de

Oberstenfeld, ehem. Stiftskirche und Friedhofskirche St. Peter

Für Oberstenfeld im Landkreis Ludwigsburg ist die Gründung eines Kanonissenstifts durch die Grafen Adalhard und Heinrich für das Jahr 1016 überliefert; als Mitstifter wurde der Kanzler am salischen Königshof, Ulrich, 1032 in der Stiftskirche bestattet. Ein durchgreifender Umbau nach der Mitte des 11. Jahrhunderts machte aus dem bescheidenen Gründungsbau eine dreischiffige Basilika mit Chorapsiden im Osten und Westen. Über dem östlichen Chorschluss entstand ein mächtiger Turm, der in veränderter Form erhalten ist. Nach Einführung der Reformation im Jahr 1540 hielt sich das Chorfrauenstift als „Adeliges Fräuleinstift" bis zur Säkularisation 1803.

Das Äußere der querschifflosen Chorturmbasilika bietet nur in seinen östlichen Teilen ein mittelalterliches Bild. Die Turmwand ist durch Lisenen und Rundbogenfriese reich gegliedert; auf der Sohlbank des großen Rundbogenfensters kauern zwei Löwen. Einzelheiten am Außenbau lassen auf die Tätigkeit eines zisterziensisch geprägten Baumeisters schließen.

Für die Friedhofskirche St. Peter als ehemalige Pfarrkirche des abgegangenen Orts Krazheim ist eine Datierung um 1100 denkbar. Der kleine Saalbau mit Turmchor bietet bemerkenswerte Details, vor allem eine leider nur fragmentarisch erhaltene Ausmalung aus der Zeit um 1300, die in Beziehung steht zu den Fresken in der Kapelle der über Oberstenfeld gelegenen Burg Lichtenberg.

Burg Lichtenberg

Hoch über Oberstenfeld im Bottwartal in einer beherrschenden Lage, wie sie nach dem Urteil des Burgenforschers Walther-Gerd Fleck nur selten zu finden ist, erhebt sich Burg Lichtenberg, deren mächtiger Bergfried die wohlerhaltene Anlage beträchtlich überragt und weithin sichtbar ist. Der Erbauer einer so stolzen Anlage muss politische Bedeutung gehabt haben. Tatsächlich war das im Grenzbereich zwischen Glems und Murr gelegene Bottwartal in der ersten Hälfte des 12. Jahrhunderts in die dauernden Auseinandersetzungen zwischen Welfen und Staufern verwickelt. Letztere gewannen die Oberhand, und in der Folge erscheinen bald die Markgrafen von Baden und die Grafen von Löwenstein als Lehnsherren in diesem Gebiet. Mit ihnen in Verbindung standen die ersten Herren von Lichtenberg. Sie gehörten zu jenen schwäbischen Geschlechtern, die durch die Blüte des staufischen Reiches zu Einfluss und Ansehen gelangten.

Auch nach 1250 bekleideten die Lichtenberger bedeutende Positionen. So war Sigibodo Geheimschreiber von König Albrecht und 1302–14 Bischof von Speyer. Albert Hummel von Lichtenberg war Marschall Kaiser Ludwigs

**Gemeindeverwaltung
Oberstenfeld**
Großbottwarer Str. 20
71720 Oberstenfeld

Telefon: 07062/261-0
Fax: 07062/261-13
Mail: info@oberstenfeld.de
Homepage: www.oberstenfeld.de

Burg Lichtenberg

des Bayern und zeitweilig Landvogt im Elsass, sein Bruder Hermann Kanzler des Kaisers und Bischof von Würzburg bis zu seinem Tod 1335. Am 27. August 1357 verkaufte die Familie die Burg an die Grafen von Württemberg, die damit ihren Stammbesitz nach Norden ausdehnen konnten. Im Juni 1483 übertrug Graf Eberhard im Bart den Lehnsbesitz an die aus dem Weinsberger Tal stammende Familie von Weiler, die bis heute auf Burg Lichtenberg zuhause ist.

Die erstmals 1197 urkundlich fassbare Anlage stammt aus der Blütezeit des süddeutschen Burgenbaus. Ein tiefer Halsgraben trennt den Burgplatz von dem vorspringenden Bergrücken; die etwas tiefer gelegene Terrasse an der Bergspitze bot Platz für größeres Gefolge eines Gastes. Die Kernburg, die noch von einer vollständig erhaltenen Ringmauer umzogen ist, bildet ein unregelmäßiges Polygon, an dessen besonders gefährdeter Stelle neben der Eingangsbrücke der ungewöhnlich groß dimensionierte Bergfried steht, der eine Höhe von rund dreißig Metern erreicht. Sein historischer Zugang vom zweiten Obergeschoss des südlich angrenzenden Wohnhauses aus ist noch erhalten. Wie bei mittelalterlichen Burgen und Pfalzen fast überall üblich, ist die Burgkapelle mit dem Eingangsbereich der Burg verbunden. Die dort 1959 freigelegten Wandfresken sind

Burg Lichtenberg
71720 Oberstenfeld

Telefon: 07062/4017
Fax: 07062/4028

zum Teil Reste einer Ausmalung aus der Bauzeit der Burganlage. Wenig später, um 1300, entstand der Zyklus über das Leben und Leiden Christi. Die späteren Um- und Erweiterungsbauten haben sich der stauferzeitlichen Anlage der Burg stets untergeordnet oder angepasst.

Burg Hohenbeilstein

Burg Beilstein, hoch über dem gleichnamigen Städtchen gelegen, teilte im Wesentlichen die Geschicke der in ihrem Sichtbereich gelegenen Burg Lichtenberg. Die heute nur noch als mächtige Ruine erhaltene Burganlage ist ebenfalls um 1200 erbaut worden, besaß jedoch eine durch Ausgrabungen belegte, wesentlich kleinere Vorgängerin.

Die vollständig erhaltene, polygonal dem Gelände folgende Ringmauer von Hohenbeilstein besteht aus vorzüglich bearbeiteten Buckelquadern. Zum Schutz des Burgtors wurde wie bei Burg Lichtenberg ein etwa dreißig Meter hoher Bergfried errichtet. Sein Grundriss ist durch eine der Ringmauer zugekehrte massive Spitze zum Fünfeck erweitert.

Leider sind von den historischen Gebäuden der Burg seit dem Bauernkrieg nur noch geringe Reste erhalten, so dass über ihr ursprüngliches Aussehen keine belegbaren Aussagen gemacht werden können. Infolge der Erwerbung von Hohenbeilstein durch den Stuttgarter Industriellen Vollmoeller im Jahr 1898 wurde der noch erhaltene Bestand zwar gerettet, durch den Bau des sog. „Unteren Schlosses" auf halber Höhe des Burgbergs dessen ursprüngliches Bild jedoch völlig verändert.

Stadt Beilstein
Hauptstr. 19
71717 Beilstein
Telefon: 07062/263-0
Telefax: 07062/263-20

Mail: stadt@beilstein.de
Homepage: www.beilstein.de,
www.falknerei-beilstein.de
Einkehr: Burggaststätte Hohenbeilstein (www.burg-beilstein.de)

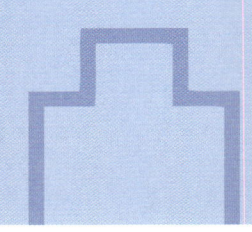

10 Oppenweiler, Murrhardt und Weinsberg

Oppenweiler, Burg Reichenberg

Im Zusammenhang mit den beiden Burgen im Bottwartal ist die im Gebiet des Städtchens Oppenweiler an der Murr gelegene Burg Reichenberg zu erwähnen. Die Burg befindet sich in Privatbesitz und ist nur bedingt zugänglich. Die durch Markgraf Hermann V. von Baden auf einem schwer erreichbaren Bergsporn um 1225 erbaute Burganlage war wie Lichtenberg und Hohenbeilstein im 14. Jahrhundert in württembergischem Besitz. Wie bei den Burgen des Bottwartals steht der in diesem Fall runde Bergfried nahe der Ringmauer. Die Wohn- und Wirtschaftsgebäude in der Kernburg stammen vorwiegend aus dem 16. bis 18. Jahrhundert.

Burg Reichenberg
Obere Ortsstraße 1
71570 Oppenweiler
Telefon: 07191/935593 od.
0151/17142716 Mail: anmeldung@
burg-reichenberg.de

Homepage: www.burg-reichenberg.
de, www.oppenweiler.de
Führungen von Mai bis September
jeden letzten Sonntag ab 14 Uhr
Gruppenführungen sind jederzeit
möglich.

Murrhardt, Walterichskapelle

Wie in Faurndau und Brenz gehen die fassbaren Anfänge einer klösterlichen Niederlassung in Murrhardt bis in karolingische Zeit zurück. Ein naher Verwandter Kaiser Ludwigs des Frommen, Walterich, gründete zu Beginn des 9. Jahrhunderts das Benediktinerkloster St. Januarius. Reich mit Königsgut ausgestattet, versuchte es, seinen Status als Reichs-

Oppenweiler, Burg Reichenberg

lehen möglichst lange zu bewahren und sich von der Abhängigkeit vom Hochstift Würzburg freizuhalten, was auf Dauer nicht gelang.

Von der ehemaligen Klosterkirche – heute evangelische Stadtkirche – reichen die unteren Geschosse der beiden Osttürme bis ins 12. Jahrhundert zurück. Mit dem Nordturm ist die zu Ehren des Klostergründers um 1220/30 erbaute Walterichskapelle verbunden, die den glanzvollen Schlusspunkt der romanischen „Schmuckarchitektur" Schwabens setzt. Sie ist damit dem Turm der Gmünder Johanniskirche etwa zeitgleich, steht jedoch in ornamentalen Details eine Stilstufe darüber. Die höchst qualitätvolle, überreiche Ausschmückung des kleinen, in seiner Anlage rheinisch beeinflussten Bauwerks gipfelt in dem Rundbogenfenster der Chorapsis. Es ist von Ornamentstreifen umgeben; auf seiner Brüstung liegen zwei Löwen. Ein auf köstlichen Kapitellchen ruhender

Murrhardt, Walterichskapelle

Zickzackfries, mit fantasievollen Blattmustern gefüllte Bogenfriese und eine reizvolle Palmettengirlande überziehen diese Apsis in fast „barocker" Üppigkeit. Dasselbe gilt für das aus der Achse gerückte, völlig erneuerte vielstufige Prachtportal an der Westseite, dessen Tympanon ein segnender Christus ausfüllt. Seine fast skurrilen Blattkapitelle wetteifern in der kunsthandwerklichen Durchformung mit denen des Innenraums, wo ein der zweiten Hälfte des 15. Jahrhunderts entstammender Kenotaph das Gedächtnis Kaiser Ludwigs des Frommen bewahrt.

Die zahlreichen Originalteile der Außenfronten, die durch Kopien ersetzt wurden, befinden sich im Carl-Schweizer-Museum in Murrhardt.

Walterichskapelle
Klosterhof
71540 Murrhardt
Telefon: 07192/6614

Tourist Info
Marktplatz 8
71540 Murrhardt
Telefon: 07192/213777
Fax: 07192/213770
Mail: touristik@murrhardt.de
Homepage: www.murrhardt.de

Weinsberg, Ruine Weibertreu

Ohne den schwäbischen Dichter Justinus Kerner (1786–1862) hätte die auf einem niedrigen Bergkegel bei Weinsberg im Kreis Heilbronn gelegene Burg wohl kaum den Bekanntheitsgrad erlangt, den sie bis heute besitzt. Kerner verklärte einen glaubwürdigen Bericht aus den zeitgenössischen Paderborner Annalen, wonach der erste staufische König Konrad III. im Jahr 1140 die damals calwisch-welfische Burg Weinsberg belagerte, dichterisch. Dieser soll den dort lebenden Frauen die Erlaubnis gegeben haben, soviel Habe mitzunehmen, wie sie tragen konnten. Daraufhin trugen die Frauen ihre Männer aus der Burg hinaus und retteten sie damit vor dem wahrscheinlichen Tod. Fortan trug die Burg den Namen „Weibertreu".

Weinsberg, Sage zur Burg „Weibertreu“

Die Staufer belehnten Adelige aus dem Remstal mit ihrem Weinsberger Besitz. Konrad von Weinsberg war 1390 Erzbischof von Mainz, sein gleichnamiger Neffe Reichserbkämmerer. Die 1504 von Württemberg eroberte Burg fiel am Ostersonntag 1525 dem Sturm der Bauern zum Opfer. Dabei starb der Burgherr, der 27-jährige Graf Ludwig von Helfenstein, beim Spießrutenlauf vor dem Unteren Tor. Die Burg ist nicht wieder aufgebaut worden. Aus staufischer Zeit blieben die äußere Ringmauer und teilweise auch das obere Tor erhalten.

Nach seiner Ernennung zum Oberamtsarzt in Weinsberg im Jahr 1819 beschäftigte sich Justinus Kerner intensiv mit der Geschichte der Burg. Am 8. Dezember 1823 wurde auf seine Anregung und unter seiner Leitung der „Frauenverein zu Weinsberg“ gegründet, der es sich zur Aufgabe machte, die Burgruine vor dem weiteren Verfall zu retten. König Wilhelm I. von Württemberg belehnte am 30. August 1824 den Frauenverein mit dem

Besitz der Burg. Die erste Maßnahme des Vereins war das Pflanzen soge-
nannter Äolsharfen in den Schießscharten des Dicken Turms.

Am Fuß des Burgbergs bildete ein Straßenmarkt den Kernbereich der
heutigen Stadt Weinsberg. Diese ist seit dem 14. Jahrhundert ein Zentrum
des württembergischen Weinbaus und beherbergt seit 1868 eine Staatliche Lehr- und Versuchsanstalt für Wein- und Obstbau.

Trotz großer Verwüstungen am Ende des Zweiten Weltkriegs blieb
die baukünstlerische Sehenswürdigkeit der Stadt, die Kirche St. Johannes
Baptist, erhalten. Die Erbauung der romanischen Basilika fällt zeitlich
etwa mit dem Bau der Kirchen in Faurndau und Brenz um 1190/1210
zusammen. Darauf deutet vor allem der reiche figürliche Schmuck am
Westportal und an den umlaufenden Rundbogenfriesen. Der erst um 1240
vollendete Chorturm zeigt schon einige Merkmale des Übergangsstils zur
Gotik. Nach 1350 erfolgte der Bau eines frühgotischen Chors. Nach ihrer
Zerstörung im Bauernkrieg wurde die Weinsberger Stadtkirche in der
bisherigen Form wiederhergestellt. Ihr Äußeres beeindruckt durch eine
Fülle von Bändern, Ranken, Menschenköpfen, Palmetten und Frucht-
ständen. Teilweise sind diese Ornamente Kopien. Auch im Inneren hat
die staufische Epoche ornamentale Spuren hinterlassen. Die Ausschmückung durch Seccomalerei an der Nordwand des Langhauses erfolgte in
der ersten Hälfte des 15. Jahrhunderts.

Besichtigung das ganze Jahr über
möglich, keine Führungen
Einkehr: Kiosk am Burgeingang
(geöffnet 10–17 Uhr, aber nur wenn
Fahne gehisst ist. Montags Ruhetag)

Touristinfomation Weinsberg
Marktplatz 11
74189 Weinsberg
Telefon: 07134/512-106
Fax: 07134/512-199
Homepage: www.weinsberg.de,
www.burgenwelt.de/weibertreu/
weibertreu.htm

11 Kloster Lorch

Im Archiv des Benediktinerklosters St. Paul im Lavanttal in Kärnten wird heute jene Urkunde aufbewahrt, die der staufische Herzog Friedrich I. von Schwaben und Franken am 3. Mai 1102 ausstellte, in der er bezeugt, dass die zum Seelenheil seiner noch lebenden und der schon verstorbenen Familienmitglieder gegründete Abtei Lorch von ihm, seiner Gemahlin Agnes und seinen Söhnen Friedrich und Konrad dem Stuhle Petri übergeben werden solle. Diese Übergabe entsprach dem erklärten Willen seines Vaters Friedrich von Büren. Man kann daher annehmen, dass das Kloster Lorch bereits vor dem Jahr 1100 – wohl anstelle einer älteren Burganlage, deren Reste noch im sogenannten Haspelturm stecken – gegründet wurde.

Kloster Lorch, Mittelschiff der Klosterkirche

War bisher angenommen worden, die ersten Mönche Lorchs seien aus dem cluniazensischen Reformkloster Hirsau gekommen, so setzt sich in neuerer Zeit immer stärker die Überzeugung durch, dass das aufgrund der damals herrschenden politischen Situation kaum möglich war: Es ist in der Tat nur schwer vorstellbar, dass einer der verlässlichsten Gefolgsleute des im unversöhnlichen Widerstreit mit der römischen Kirche stehenden Kaisers Heinrich IV. sein Hauskloster dem antikaiserlich eingestellten „gregorianischen" Hirsau anvertraut hätte. Gegen die bisherige These spricht auch die Überlieferung, dass der erste Lorcher Abt Harbert vor seiner Berufung im Jahr 1102 die Klöster Comburg, Metz und Maria Laach durchlaufen hatte, die damals noch einer lothringischen Kongregation nahestanden, die durchaus kaiserfreundlich eingestellt war.

Die Staufer hielten als Schirmherren und Vögte des Klosters anderthalb Jahrhunderte ihre schützende Hand über den benediktinischen Konvent. Nahezu jeder staufische Herzog und König mehrte Besitz und Ansehen des Hausklosters und bestätigte dessen überkommene Privilegien.

Die in den schlichten Formen einer romanischen Pfeilerbasilika mit quergestelltem Westwerk zwischen zwei Rundtürmen um 1108 vollendete Klosterkirche erfuhr im frühen 13. Jahrhundert eine bemerkenswerte Ausschmückung durch die mit langobardischen Flechtbändern, Blattfriesen und phantastischen Tier- und Menschendarstellungen reich verzierten Kämpferkapitelle in der Vierung. Einschneidende Umbauten in spätgotischer Zeit, die weitgehende Zerstörung des Klosters im Bauernkrieg und der nach der Reformation erfolgte teilweise Abbruch der Klausur sowie neuere Zubauten haben das ursprüngliche Bild der staufischen Anlage stark verändert. Dennoch ist Kloster Lorch noch immer das eindrucksvollste bauliche Zeugnis aus dem unmittelbaren Wirkungskreis der frühen Staufer.

Seine Bestimmung als Grablege der staufischen Familie erfüllte Lorch nur begrenzt. Keiner der zur höchsten Würde im Reich aufgestiegenen

Vertreter des Geschlechts fand dort seine letzte Ruhestätte. Lediglich der 1147 im Alter von elf Jahren zum König gewählte Sohn Konrads III., Heinrich (gest. 1150), liegt sicheren Zeugnissen zufolge in Lorch begraben; über die Begräbnisstätte seiner Mutter Gertrud von Sulzbach ist die Quellenlage widersprüchlich. Sicher belegt ist Lorch als Ruhestätte der Gemahlin König Philipps von Schwaben, Irene von Byzanz, die am 28. August 1208 in der Burg Staufen gestorben war. Ein Gedenkepitaph vermerkt im südlichen Quer-

Ausschnitt aus dem Rundbild zur staufischen Geschichte von Hans Kloss im Kapitelsaal von Kloster Lorch

haus die Worte, mit denen Walther von der Vogelweide die byzantinische Kaisertochter pries: „Rose ohne Dorn, Taube sonder Galle".

Die Epoche gewinnt in der Lorcher Klosterkirche einprägsam Gestalt auch in der monumentalen Reihe von Bildnissen der Staufer, beginnend mit Friedrich I. und Agnes, endend mit dem 1268 in Neapel hingerichteten Konradin. Die Darstellungen stammen wohl aus der zweiten Hälfte des 15. Jahrhunderts und präsentieren sich heute nach starker Übermalung als fürstliche Gestalten der Renaissancezeit. Dennoch vermag man sich dem fast feierlichen Ernst nicht zu entziehen, der von jener stummen Reihe staufischer Herzöge, Könige und Kaiser ausgeht.

Touristikbüro Kloster Lorch
Klosterstraße 2
73547 Lorch
Telefon: 07172/928497

Mail: info@kloster-lorch.com
www.kloster-lorch.com

Einkehr im Klostercafé möglich.

12 Wäschenbeuren und Kloster Adelberg

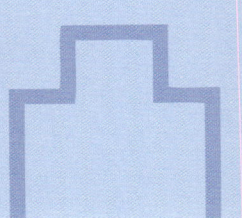

Schloss Wäscherburg gen. Wäscherschloss

Das östlich des Orts in unmittelbarer Nähe der Wäscherhöfe gelegene Wäscherschloss galt lange Zeit unbestritten als „Wiege der Staufer".
Neuere Forschungen haben jedoch ergeben, dass der heutige Bau auch
in seinen ältesten Teilen nicht in die Zeit vor 1200 zurückreicht und da-

Wäscherschloss

mit wesentlich jünger ist als die noch
vor dem Jahr 1100 fertiggestellte Burg
auf dem Hohenstaufen. Allerdings liegt
eine Befestigung des mit einer gewissen
strategischen Bedeutung ausgestatte-
ten Platzes über dem Beutental schon
zur Zeit der Herren von Büren im Bereich des Möglichen. Urkundlich belegt
ist die kleine Wehranlage erst im Jahr
1271, als ein Ritter Konrad, genannt
Wascher, ein Gut in Beuren erwarb
und Burg und Ort daraufhin mit seinem Namen verband. Seit 1328 sind die
Herren von Rechberg als Besitzer des
Wäscherschlosses nachweisbar. Nach
dem Aussterben der Staufenecker Linie
des Geschlechts im Jahr 1509 durchlief
es verschiedene Hände, bis es 1806 in
die Oberhoheit von Württemberg über-
ging. Der wuchtige Palas der maleri-

schen Anlage besteht in seinem unteren Geschoss aus Buckelquadern. Darüber befinden sich zwei Stockwerke in schöner Holzbauweise, von denen das ältere der Zeit um 1500 angehört, während das im 18. Jahrhundert zu einem Speicher umgewandelte oberste Geschoss aus dem Jahr 1699 stammt. Schützend umschließt eine nahezu zehn Meter hohe Mantelmauer mit teilweise erhaltenem Wehrgang und Toreinfahrt den trapezförmigen Innenhof der Burg, in der seit 1960 eine kleine Staufer-Gedächtnisstätte untergebracht ist.

Staufergedenkstätte/Museum
Schloss Wäscherburg
73116 Wäschenbeuren
Telefon: 07172/6232

Fax: 07172/22016
Mail: info@waescherschloss.de
www.waescherschloss.de
Einkehr im Gasthof Wäscherhof

Kloster Adelberg

Das ehemalige Kloster Adelberg liegt an der die Täler von Fils und Rems verbindenden Straße zwischen Göppingen und Schorndorf auf der Höhe des Schurwaldes. Durch die Tobelsenke ist es von der Gemeinde Adelberg getrennt, die bis zum Jahr 1851 den Namen Hundsholz führte.

Die Klosteranlage, die eine Fläche von rund sechs Hektar bedeckt, ist von einer 1100 Meter langen Mauer umschlossen und durch zwei Tore zugänglich. Innerhalb des Mauerrings bestimmen trotz zahlreicher neuerer Gebäude die wenigen Bauwerke aus der Klosterzeit das Bild der Anlage: die von einer Mauer umfriedete Ulrichskapelle, die ehemalige Prälatur (bis 1966 evangelisches Pfarrhaus), das Forstamt und der von zwei Rundtürmen flankierte Kornspeicher. Obwohl bereits im Jahr 1054 von der Weihe einer Kapelle des hl. Ulrich durch ein Ehepaar namens Remigius und Bilitrud an der Stelle des Klosters Adelberg die Rede ist, fällt dessen Gründung erst in das Jahr 1178. Volknand von Ebersberg, Herr zu Ebersbach und Burgvogt auf dem Hohenstaufen, hatte mit Billigung Kaiser Friedrichs I. Barbarossa den Entschluss gefasst, unweit seiner Burg Ebersberg auf dem Schurwald eine klösterliche Niederlassung zu stiften. Er bot das infrage kommende Gelände zunächst den am nahen Einsiedlerbach hausenden Eremiten an, die es jedoch ablehnten, „in loco tam inculto" – in einer so unwirtlichen Gegend – ein Kloster zu bauen. Volknand wandte sich daraufhin an das Prämonstratenserkloster Rot an der Rot (heute Kreis Biberach), doch scheiterten die Verhandlungen an einigen Auflagen des Stifters, die mit der Ordensregel nicht vereinbar waren. Mehr Erfolg hatte Volknand von Ebersberg schließlich beim Propst des Prämonstratenserkosters Roggenburg (heute Kreis Neu-Ulm). Er entsandte zwölf Mönche nach Adelberg und ernannte den Konventualen Ulrich zum ersten Propst der neuen Gründung. Die „weißen Brüder" aus Roggenburg begannen sogleich mit der Rodung des nahezu undurchdringlichen Waldes und stellten Arbeit und Gebet unter die Regel des hl. Norbert von Xanten, der 1120 in Prémontré bei Laon den Orden gestiftet hatte. Am 25. Mai 1181 fertigte der damals auf der Burg Hohenstaufen weilende Kaiser Friedrich Barbarossa eine bis heute erhaltene Urkunde aus, mit der er das Kloster in seinen Schutz nahm und den jeweiligen Vogt von Staufen zum Vogt des Klosters bestellte. Wenige Wochen später erteilte Papst Alexander III. dem Adelberger Konvent eine Reihe von Privilegien.

Der Bau der Klausurgebäude schritt nur langsam voran, und die Klosterkirche war kaum über die Grundmauern hinausgewachsen, als am 1. Mai 1187 der Fürstbischof von Münster, Hermann II. aus dem Hause der Grafen von Katzenellenbogen, in Anwesenheit Barbarossas und von dessen Söhnen Friedrich, Heinrich und Philipp, die Weihe des Hochaltars vornahm.

Kloster Adelberg, Wandbilder in der Ulrichskapelle

Die Staufer bewahrten dem Kloster stets ihre Gunst und statteten es reich mit Privilegien und Gütern aus. So übertrug die Gemahlin des am 23. Juni 1208 in Bamberg ermordeten Königs Philipp von Schwaben, Irene von Byzanz, am 20. August 1208 auf dem Totenbett dem Kloster einen Hof in Oberesslingen. Am 26. Juli 1202 war die Klosterkirche nach fast fünfundzwanzigjähriger Bauzeit zu Ehren der hl. Maria und des hl. Ulrich konsekriert worden. Der erste Propst, Ulrich, führte die Geschicke des Konvents noch bis zum Jahr 1216.

Nach dem Untergang der Staufer setzten sich die Grafen von Württemberg alsbald mit Gewalt auf dem Hohenstaufen fest und erhielten die Kaiserburg schließlich 1319 als Reichslehen übertragen. Dadurch erlangte sie auch die Schirmvogtei über Kloster Adelberg. Im Verlauf seiner weiteren Entwicklung betrieb das Kloster eine zielbewusste Erwerbspolitik. Seine damit verbundene wirtschaftliche Expansion konnte auch durch den verheerenden Brand des Jahres 1361 nicht aufgehalten werden. Am Vorabend der Reformation umfasste der Besitz des Klosters, das 1441 unter Ruprecht Götteler zur Abtei erhoben worden war, zehn Dörfer, 19 Weiler, 37 Höfe und 22 Mühlen.

Mit der wirtschaftlichen ging die kulturelle Blüte Hand in Hand. Schon zur Zeit Kaiser Friedrich Barbarossas wurde im Kloster eine Schule für die Söhne des in der Umgebung ansässigen Adels eingerichtet. Auf künstlerischem Gebiet waren wohl die Regierungsjahre der beiden letzten Adelberger Äbte vor der Reformation, Berthold und Leonhard Dürr, der Höhepunkt in der Geschichte des Klosters. Abt Berthold ist als großer Bauherr in die Klostergeschichte eingegangen. Verschiedene Wirtschaftsgebäude im Klosterbereich tragen sein Wappen, den dürren Baum mit den Initialen BA (Bertholdus Abbas). Sein Nachfolger Leonhard Dürr, der von 1501 bis zur Auflösung des Konvents im Jahr 1535 die Mitra trug, setzte das Werk Bertholds durch die künstlerische Ausgestaltung der Kapelle und die Aufstellung des Ölbergs fort.

Schwere Zeiten brachen über das Kloster und seinen bedeutenden Abt während der Bauernunruhen der Jahre 1514 und 1525 herein. Nachdem schon ein Haufen des Armen Konrad im Kloster geplündert hatte, flüchtete der Konvent nach Ausbruch des großen Bauernkrieges mit dem Klosterschatz rechtzeitig nach Göppingen und, da ihm dort der Aufenthalt verweigert wurde, nach Schorndorf. Die Klosteranlage stand den Gaildorfer und Limpurger Bauern zur Plünderung offen – ein Teil der Klausur und der Wirtschaftsgebäude wurde in Brand gesteckt. Gänzlich unversehrt blieb allein die Ulrichskapelle.

Kultur- und Kunstverein
Klostervilla
73099 Adelberg
Telefon 07166/387
Telefax 07166/387

Bürgermeisteramt
Vordere Hauptstr. 2
73099 Adelberg
Telefon 07166/910110
Telefax 07166/910113
www.adelberg.de

13 Esslingen am Neckar und Kloster Denkendorf

Esslingen, Stadtkirche St. Dionysius

Im Zweiten Weltkrieg unzerstört, ist Esslingen die einzige größere Stadt im mittleren Neckarraum, deren mittelalterliche Bausubstanz in erheblichem Umfang erhalten geblieben ist. Unglücklicherweise haben jedoch die in den 1960er/70er Jahren vollendeten Verkehrsbauten das herrliche Stadtbild erheblich beeinträchtigt.

Die ersten Spuren einer frühmittelalterlichen Siedlung weisen bereits 777 auf eine „Cella" des hl. Vitalis, den Vorgängerbau der heutigen Stadtkirche St. Dionysius. Diese „Cella" war damals schon der Mittelpunkt des karolingischen Marktortes, der sich noch im 10. Jahrhundert zur bevorzugten Siedlung im Herzogtum Schwaben entwickelte. Als Reichsgut war der Weg zur kaiserlichen Reichsstadt vorgezeichnet, deren Aufstieg die Staufer zielstrebig unterstützten. Es gelang Esslingen, seine kommunale Selbständigkeit trotz der noch im 13. Jahrhundert einsetzenden Umklammerung durch die Grafschaft Württemberg bis zur Mediatisierung 1802 zu erhalten.

Esslingen, Stadtkirche St. Dionysius

Esslingen, Wolfstor

Die über der Vitaliszelle erbaute Stadtkirche St. Dionysius war unter Kaiser Friedrich II. seit 1213 Pfarrkirche des Hofstifts Speyer. Der spätromanische Neubau wurde um 1225 vollendet. Erhalten sind davon die beiden mächtigen Chorflankentürme. Infolge einer Planänderung wurde die rechtwinklig ummantelte Hauptapsis durch einen frühgotischen Polygonalchor ersetzt, dessen Fertigstellung ebenso wie das 1260/70 erbaute Langhaus noch in die spätstaufische Epoche fällt. Letzteres wurde zu Beginn des 14. Jahrhunderts auf die heutige Länge gebracht. Die geplante Erneuerung des Chors unterblieb bis in das zweite Viertel des 14. Jahrhunderts. Veränderungen am Kirchenbau im 17. und 18. Jahrhundert wurden bei der Restaurierung zwischen 1899 und 1904 weitgehend rückgängig gemacht. Bei den Instandsetzungsarbeiten in den 1960er Jahren konnten Reste der Vorgängerbauten freigelegt und unterirdisch zugänglich gemacht werden. Dabei stößt die Ruine der Krypta der zweiten Vitaliszelle auf besonderes Interesse. Von den stauferzeitlichen Teilen der Kirche sind die Ostteile

Grabungsmuseum St. Dionysius
Marktplatz 17
73728 Esslingen am Neckar

Esslinger Stadtmarketing & Tourismus GmbH
Stadtinformation im Kielmeyerhaus
Marktplatz 2
73728 Esslingen am Neckar
Telefon: 0711/39 69 39-69
Fax: 0711/ 39 69 39-39
Mail: info@esslingen-tourist.de
Homepage: http://tourist.esslingen.de

des spätromanischen Chorneubaus und die Untergeschosse der beiden Chorflankentürme zu erwähnen.

Im Inneren vermittelt die Esslinger Dionysiuskirche überwiegend einen hochgotischen Eindruck. Die Ausstattung ist etwa im Unterschied zur Schwäbisch Haller Michaelskirche eher bescheiden. Besonders hervorzuheben ist jedoch die neben dem Freiburger Münster umfangreichste Chorverglasung, die nahezu vollständig am Ende des 13. Jahrhunderts und damit noch unter dem Einfluss der hohen stauferzeitlichen Glasmalkunst entstanden ist.

In die staufische Epoche der Esslinger Stadtgeschichte fallen auch die Anfänge des am westlichen Stadtrand erbauten ehemaligen Dominikanerklosters. Die Klosterkirche, das heutige katholische Münster St. Paul, soll bereits 1221 vor dem Mettinger Tor erbaut worden sein. 1241 bestand das Kloster schon an seinem heutigen Platz. Die übrigen Sakralbauten Esslingens haben ihren Ursprung überwiegend nach 1250.

Einen Hinweis verdient noch die äußere Pliensaubrücke, deren erste Erwähnung 1256 erfolgte und die zu den ältesten Steinbrücken Deutschlands zählt. Leider mussten nach dem Zweiten Weltkrieg große Teile des Brückenbaus einem Straßendurchbruch weichen.

Von der mittelalterlichen Stadtbefestigung, die wohl schon um 1200 entstanden ist, haben sich Teile erhalten. Hervorzuheben ist besonders das Wolfstor mit seinen kostbaren Skulpturen von Löwen und Basilisken.

Denkendorf, ehem. Klosterkirche St. Pelagius

Die Stiftung des Klosters Denkendorf im Jahr 1129 soll auf ein Gelübde des Ortsherrn Berthold von Erligheim und seiner Gemahlin Luitgard zurückgehen, dessen Bitte um die Geburt eines Sohnes daraufhin in Erfüllung ging. Berthold verband sein Versprechen mit einer Pilgerreise nach Jerusalem und übergab dort das zukünftige Kloster dem Orden zum Heiligen Grab. Er soll als Dank dafür von Patriarch Warimundus einen

Kloster Denkendorf

Splitter des Kreuzes Christi geschenkt bekommen haben.

Nach seiner Besiedlung stellte Kaiser Friedrich Barbarossa das Kloster Denkendorf im Jahr 1181 unter den Schutz des Reiches. Bis zur Reformation 1535 leiteten Augustiner-Chorherren den Konvent. Die ehemalige Klosterkirche St. Pelagius liegt südlich von Esslingen auf einem Vorsprung des Körschtals – ihre scharfkantig über den Hangknick hinausgeschobenen Ostteile ruhen auf hohen Substruktionen. Am Außenbau wurde 1977 die Farbfassung der Entstehungszeit rekonstruiert: gelber Putz mit Quadermarkierung, die Fensterumrahmungen rot abgesetzt. Der Zugang zur Kirche führt durch eine um 1220 erbaute zweijochige Vorhalle, über welcher der stattliche Westturm aufragt.

Der um 1230/40 entstandene Chor der Klosterkirche liegt sieben Stufen über dem Kirchenschiff. Von dort führen 23 Stufen in die ungewöhnlich geräumige, von einer Spitztonne überwölbte Krypta hinab. Hier feierten bis zur Reformation die Chorherren ihre Gottesdienste in Erinnerung an die Entstehung ihres Ordens in Palästina. Dreihundert Jahre lang war die Denkendorfer Klosterkirche eine stark frequentierte Wallfahrtsstätte.

Fortbildungsstätte
Kloster Denkendorf
Klosterhof 5
73770 Denkendorf

Telefon: 0711/934 45 45-0
Fax: 0711/934 45 45-22
Homepage:
www.kloster-denkendorf.de

14 Hohenstaufen

Burg Hohenstaufen

Als Stammsitz des größten Kaisergeschlechts des hohen Mittelalters stand die Burg auf dem Hohenstaufen seit eh und je im Blickfeld der historischen Forschung. Die Frage nach ihrem ursprünglichen Aussehen ist umso öfter gestellt worden, als seit mehr als einem Jahrhundert nur noch geringe Reste der Anlage aufrecht stehen. Sie wurden bei zwei in den Jahren 1936 und 1938 durchgeführten Ausgrabungen sichtbar gemacht. Die damals freigelegten Mauerzüge konnten in den Jahren 1967–71 durch die Bereitstellung erheblicher staatlicher und kommunaler Zuschüsse und dank großzügiger privater Spenden in ihrem Bestand gesichert und durch werkgerechte Aufmauerung in ihrem Verlauf und ihrer einstigen Funktion besser veranschaulicht werden.

Der Hohenstaufen

Im Jahr des fünfzigjährigen Bestehens von Baden-Württemberg wurde am 1. Juni 2002 auf dem Gipfel des Hohenstaufen ein Denkmal aufgestellt, das die Erinnerung an das Staufergeschlecht am Platz seiner einstigen Stammburg festhalten soll. Die von dem Bildhauer Markus Wolf aus Plieningen aus apulischem Marmor geschaffene, 3,20 Meter hohe achtseitige Stele nimmt die Form der acht Seitentürme von Castel del Monte auf. Wappen und Inschriften erinnern an die staufischen Herrscher. Dazu die Worte: „Hohenstaufen – ein Berg, eine Burg, eine Dynastie, ein Mythos".

Von den heutigen Fundamentresten ist es ein weiter Weg zur einzigen bildlichen Darstellung der Burg auf dem Hohenstaufen, die zu einer

Göppingen, Oberhofenkirche, Fresko mit der Stauferburg

Zeit entstand, als diese noch unversehrt den steilen Weißjurakegel krönte. Die Ansicht wurde bei der Freilegung eines Wandfreskos in der südlichen Eingangshalle der Oberhofenkirche zu Göppingen im Jahr 1938 sichtbar. Auf dem Bild ist die sagenhafte Stiftung der Vorgängerin der heutigen Kirche durch zwei adelige Damen dargestellt, die im Wald Hochfürst unterhalb des Hohenstaufens ein Schloss besessen haben sollen. Es unterliegt keinem Zweifel, dass die im Hintergrund sichtbare Burg die Staufenburg ist. Da das Bild 1470/80 entstanden ist, dürfte die Darstellung nicht mehr in allen Teilen dem Bild entsprechen, das die Burg zur Zeit ihrer Erbauung durch Herzog Friedrich I. von Schwaben um das Jahr 1080 bot.

Hohenstaufen, Stele

So ist zweifellos der durch eine Wetterfahne gezierte Fachwerkaufbau des Bergfrieds eine spätere Zutat. Für die Zeit des ausgehenden Mittelalters bietet das Fresko jedoch ein durchaus naturgetreues Abbild der Burg; man muss nur die in der Gotik stets etwas zu stark betonten Vertikalen auf das richtige Maß reduzieren. Keinesfalls handelt es sich um eine idealisierte oder gar stilisierte Darstellung der Burg auf dem Hohenstaufen. Zu einer derartigen Wiedergabe hatte der Maler des Freskos nicht die geringste Veranlassung, da es ihm ja nicht darum ging, ein künstlerisch gestaltetes Motiv zu malen, sondern ein historisches, wenn auch mehr oder weniger sagenhaftes Ereignis zu dokumentieren.

Die Burgruine

Weder der letzte Staufer Konradin hat die Stammburg seiner Väter je gesehen, noch sind von seinen Vorgängern Konrad IV., Friedrich II., Philipp von Schwaben und Heinrich VI. irgendwelche Aufenthalte auf der Burg urkundlich belegt. Lediglich Kaiser Friedrich I. Barbarossa weilte einer am 25. Mai 1181 „in castro Stoufen" ausgestellten Pergamenturkunde zufolge mindestens dieses eine Mal auf der von seinem Großvater errichteten schwäbischen Herzogsburg. Da Friedrich I. im Jahr 1188 bei der Weihe des Hochaltars der Adelberger Klosterkirche zugegen war, ist anzunehmen, dass er auch damals wieder auf dem Hohenstaufen einkehrte. Schließlich ist für das Jahr 1154 ein Aufenthalt Barbarossas in Göppingen belegt, was zweifellos ebenfalls zu einem Besuch des Königs auf der Stammburg seines Geschlechts führte.

Zu den eindrucksvollsten Zeugnissen, durch die das staufische Kaisergeschlecht zu seinem Stammland in unmittelbare Beziehung tritt, gehört die Urkunde, welche die Gemahlin des ermordeten Königs Philipp von Schwaben wenige Tage vor ihrem Tod auf der Burg Staufen ausfertigte. Die Königin, als Irene von Byzanz in die Geschichte eingegangen, überlässt in diesem Dokument für das Seelenheil ihres am 23. Juni 1208 in Bamberg ermordeten Gemahls einen ihr gehörenden Hof in Oberesslingen dem Kloster Adelberg. Irene war nach der Bluttat von Graf Ludwig von Württemberg auf die Burg gebracht worden und sah dort ihrer Niederkunft entgegen. Sie starb jedoch am 28. August 1208 an den Folgen der Geburt – wenige Tage, nachdem sie die bis heute erhalten gebliebene Urkunde ausgefertigt hatte. Ihr Leichnam wurde in der Grablege der Staufer im Kloster Lorch bestattet.

Nach dem Untergang des Geschlechts bemächtigten sich die Grafen von Württemberg im sogenannten Interregnum der herrenlos gewordenen Reichsburg und setzten gegen harte Widerstände zu Beginn des 14. Jahrhunderts die rechtmäßige Anerkennung des neuen Besitzes durch. Burg, Dorf und Amt Hohenstaufen wurden seither von württembergischen Vögten verwaltet. Strategisch verlor die Burg immer mehr von ihrer einstigen Bedeutung, so dass die dem Burgvogt unterstehende Mannschaft nach und nach so weit zusammenschmolz, dass keine ernsthafte Verteidigung mehr möglich war. Das zeigte sich an jenem 29. April 1525, als an die dreihundert Bauern unter ihrem Anführer Jörg Bader aus Böblingen vor die Burg Staufen zogen und deren Mauern im zweiten Ansturm überwanden.

Um das Jahr 1555 ließ Herzog Christoph von Württemberg die Ruinen der Stauferburg teilweise niederreißen und verwendete das Steinmaterial zum Bau des Stadtschlosses in Göppingen. Dennoch blieben zunächst stattliche Reste erhalten.

Barbarossakirche

Zu Beginn des 19. Jahrhunderts regten sich erste Stimmen, die für den Bau eines Denkmals auf dem Hohenstaufen eintraten. 1833 gründete der geschichtlich außerordentlich engagierte Pfarrer von Hohenstaufen, Eduard Keller, den ersten Hohenstaufenverein, der sich in der Folge vor allem um die Wiederherstellung der sogenannten Barbarossakirche und ihren Ausbau zu einer Gedenkstätte für das Staufergeschlecht bemühte. Dieser Initiative ist im Wesentlichen der reiche heraldische Schmuck an den Außenfassaden des Kirchleins zu verdanken. Den geplanten Bau einer „Warte" auf dem Berg selbst konnte der Hohenstaufenverein nicht verwirklichen – seine Mittel waren 1859 vollständig erschöpft. Auch spätere Bemühungen dieser Art scheiterten an fehlenden Geldern und an Einsprüchen der königlichen Regierung.

Am Beginn des Weges, der auf den Gipfel des Hohenstaufen führt, steht die ehemalige evangelische Pfarrkirche St. Jakob, die fast ausschließlich unter dem Namen Barbarossakirche bekannt ist. Sie wurde vermutlich an der Stelle einer in die Stauferzeit zurückreichenden Kapelle im späten 15. Jahrhundert erbaut. Auf einen Vorgängerbau weist die Inschrift über dem Nordportal hin: „Hic transibat Caesar", also „Hier schritt der Kaiser durch".

Der Hohenstaufenverein konnte bis 1859 die äußere Umgestaltung der Barbarossakirche in Angriff nehmen. Das Langhaus wurde im Westteil um mehrere Meter verkürzt und der Dachfirst angehoben. Dadurch schrumpfte der bereits im Jahr 1721 um ein Stockwerk verkleinerte Turm noch mehr zusammen, und die Kirche erhielt ein übermäßig gedrungenes Aussehen. Unterhalb der Dachtraufe und am Westgiebel wurden die heraldisch sehr gelungenen Wappen der staufischen Ministerialengeschlech-

Hohenstaufen, Westgiebel der Barbarossakirche

ter, der staufischen Herrschaftsgebiete und der sieben Kurfürsten angebracht. Die Mitte des Giebels schmückt der Reichsadler, der von den Namen der staufischen Herrscher umgeben ist.

Die Innenrenovierung der Barbarossakirche konnte erst im Jahr 1932 auf Initiative des Schwäbischen Albvereins durchgeführt werden. Im Blickpunkt des Turmchors steht seit dieser Zeit das von der Turnerschaft Hohenstaufia in Tübingen gestiftete Barbarossafenster. Anlässlich des Stauferjahrs 1977 erfolgte die Instandsetzung der Kirche.

Südlich der Barbarossakirche steht seit dem Jahr 1977 der auf Initiative der „Gesellschaft für staufische Geschichte" von der Stadt Göppingen mit Hilfe großzügiger Spenden des Landes Baden-Württemberg, des Landkreises Göppingen und privater Stifter erbaute Dokumentationsraum für staufische Geschichte, in dem anhand von Schriftstücken, Bildern, Plänen und Modellen die Beziehungen dargestellt sind, die das staufische Geschlecht mit seiner Stammheimat verbinden.

Die Burg ist jederzeit frei zugänglich.

Bei der Barbarossakirche am Fuße der Burg befindet sich das
**Dokumentationszentrum
für staufische Geschichte**
Kaiserbergsteige 22

73037 Göppingen-Hohenstaufen
Telefon: 07165/8736 und
07161/650-191
Fax: 07161/979-521
Mail: Museen@goeppingen.de
Homepage: www.goeppingen.de,
www.stauferland.de

Göppingen, Stauferhalle des Städtischen Museums

In der Stauferhalle des Göppinger Museums sind kostbare Erinnerungsstücke an die staufische Zeit und das Staufergeschlecht versammelt: die Originalplastiken vom Ostgiebel des Langhauses der Kirche zu Faurndau (um 1250), die Totenmaske der staufischen Stammmutter Hildegardis von Büren-Egisheim, ein Abguss des Cappenberger Barbarossakopfes und eine umfangreiche Sammlung staufischer Münzen und Brakteaten. Das kostbarste Stück ist eine Goldmünze aus der Reihe der „Augustales", die Kaiser Friedrich II. im Jahr 1231 in Messina und Brindisi aus 20,5-karätigem Gold prägen ließ. Bewusst imitieren diese nach fünfhundertjähriger Pause im Abendland erstmals wieder geprägten Goldmünzen den Typ antiker römischer Münzen, da sich das mittelalterliche Kaiserreich in der unmittelbaren Nachfolge des römischen Imperiums sah. Diese Tatsache wird bei der Betrachtung des Kaiserkopfes ganz deutlich. Zwar zeigt das Gesicht unverkennbar porträthafte Züge, doch ist der Typus ganz der eines römischen Imperators. Dass sich Friedrich II. auch als solcher fühlte, kommt in der Umschrift zum Ausdruck: „CESAR AUG(ustus) IMP(erator) ROM(anorum)", das heißt Caesar Augustus, Kaiser der Römer. Die Rückseite der Münze zeigt das Bild des kaiserlichen Adlers mit ausgebreiteten Schwingen und die Umschrift FRIDERICUS.

Städtisches Museum im Storchen
Wühlestraße 36
73033 Göppingen
Telefon: 07161/686375
Fax: 07161/650195
Mail: Museen@goeppingen.de
Homepage: www.goeppingen.de/
servlet/PB/menu/1040818_l1/in-
dex.html

Öffnungszeiten
Di–Sa 13–17 Uhr
So/Feiertag 11–17 Uhr

15 Schwäbisch Gmünd, Johanniskirche

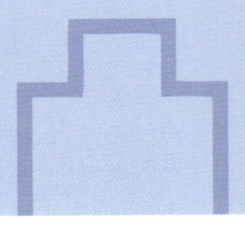

Das Lorch nächstgelegene bedeutende Zeugnis staufischer Architektur steht in Schwäbisch Gmünd – die Johanniskirche. Einem sagenhaften Bericht zufolge stiftete Herzogin Agnes, Gemahlin Friedrichs I. von Staufen, den Vorgängerbau an der Stelle, an der sie ihren verlorenen Trauring wiedergefunden hatte. Der jetzige Kirchenbau stellt sich in seinen Hauptteilen als ein Werk aus der Zeit zwischen 1210 und 1240 dar, wobei das Langhaus etwa 1225 vollendet wurde, während sich der Ausbau des Turmes noch fünfzehn Jahre hingezogen haben mag. Die ursprüngliche Ostpartie ist nicht mehr zu datieren, da zu Beginn des 15. Jahrhunderts die Hauptapsis durch einen gotischen Chor ersetzt wurde. Durch das Hochziehen der Seitenschiffwände erhielt St. Johannis damals äußerlich den Charakter einer Hallenkirche. Der Gotisierung folgte kurz vor 1700 eine Umgestaltung des Kirchenraums im barocken Stil. Im Zeitalter des Historismus bemühte man sich schließlich, die Johanniskirche in „stilreiner" Romanik wiederherzustellen. Das geschah zwischen 1869 und 1880 – bei der Rekonstruktion der Chorapsis lehnte man sich eng an Faurndau und Murrhardt an.

Die vielfachen baulichen Veränderungen brachten es mit sich, dass von dem einstmals überreichen Bestand an romanischer Bauplastik nur noch wenige originale Stücke vorhanden sind, und zwar Teile der gefüllten Rundbogenfriese am Westgiebel und die fünf Eingangsportale der Kirche. Von diesen verdient das Hauptportal an der Westfassade besondere Beachtung. In seinem Tympanon erscheint eine Kreuzigungsgruppe, in der Christus als gekrönter Überwinder der Welt zwischen Maria und Johannis dargestellt ist. Das Bogenfeld des linken Südportals beinhaltet zwei in Abwehrstellung kauernde Löwen, zwischen sich einen von einer

Schwäbisch Gmünd, Johanniskirche

geöffneten Schere umfassten geschorenen Kopf – wohl das Sinnbild eines
Büßers, dem der Eintritt in die Kirche verwehrt ist. Das Motiv kehrt in
anderer Form unter einer eindrucksvollen Kreuzigungsszene wieder: ein
Mann im langen Büßerhemd, die erbettelten Münzen auf einem Teller.

Köstliche Jagddarstellungen finden sich an mehreren Stellen der Kirche, am eindrucksvollsten in der Kehlung unterhalb des buntglasierten
Turm-Zeltdachs. Der Turm ist ein architektonisches Meisterwerk besonderer Art – nicht selten wird er als schönster romanischer Kirchturm in
Schwaben bezeichnet. Aus dem würfelförmigen Sockelgeschoss heraus
verjüngt sich der Schaft zum Achteck. Die zweistöckige Glockenstube ist
von je acht Schallfenstern durchbrochen, deren gekuppelte Öffnungen
bereits von gotischen Formelementen geprägt sind.

Im Gegensatz zur überreichen Ornamentik der Außenfronten steht die Schlichtheit des Innenraums der dreischiffigen Basilika. Einziger Schmuck der quadratischen Pfeiler sind die Knaufsäulchen an ihren Ecken und die Schachbrettmuster, Ranken und Palmetten der Deckplatten. Letzter Rest der originalen figürlichen Ausstattung ist ein Drachenpaar am nördlichen Kämpfer des Triumphbogens.

Im Zuge der 1977 zum Abschluss gebrachten Außenrenovierung der Johanniskirche wurde die berühmte monumentale Marienfigur von ihrem stark gefährdeten ursprünglichen Platz an der südwestlichen Langhausecke ins Innere der Kirche versetzt. Wie kaum ein anderes romanisches Madonnenbild im Land repräsentiert sie den Typ der in majestätischer Haltung thronenden Himmelskönigin, die ihr Kind – in Kleidung, Haltung und Gebärde bereits den Erlöser verkörpernd – der Menschheit vor Augen hält.

Hinzuweisen ist noch auf ein großes Ölbild im Chorraum, das, 1670 von Johann Georg Heberle gemalt, auf die Gründungslegende der Johanniskirche Bezug nimmt: die Auffindung des Traurings durch die Herzogin Agnes. Im Hintergrund der Szene erhebt sich über die weite Talaue der Rems beherrschend der Hohenstaufen, gekrönt von einem der Phantasie des Malers entsprungenen Fürstenschloss.

1. Mai bis 31. Oktober täglich außer Montag geöffnet.

i-Punkt Schwäbisch Gmünd
Marktplatz 37/1
73525 Schwäbisch Gmünd
Telefon: 07171/603-4250
Fax: 07171/603-4299

Mail: tourist-info@schwaebisch-gmuend.de
www.schwaebisch-gmuend.de

16 Burg Hohenrechberg

Die Stammburg des Hauses Rechberg befand sich bis 1986 in Familienbesitz. Sie liegt auf dem „kleinen Rechberg", der durch einen künstlich vertieften Sattel, den eine Bogenbrücke überspannt, vom Hauptberg abgesetzt ist. Der rasche Aufstieg ihres Hauses scheint es den Rechbergern ermöglicht zu haben, ihre sicherlich schon vor der ersten urkundlichen Nennung des Geschlechts bestehende Burg zu Beginn des 13. Jahrhunderts grundlegend umzugestalten. Jedenfalls datiert das älteste Mauerwerk der imposanten Ruine aus der Zeit des Marschalls Hildebrand, über den es zwischen 1194 und 1231 schriftliche Belege gibt.

Burg Hohenrechberg

In diese Zeit weist auch ein Merkmal, das für den staufischen Burgenbau kennzeichnend ist: der Buckelquader. Bergfriede, Mantelmauern, Torbauten und Palaswände sind aus diesen sorgfältig behauenen, an der Außenseite kissenförmig gewölbten Steinen errichtet.

Unter den Staufern bekleideten die Herren von Rechberg über Generationen das Hofamt der Marschälle von Schwaben. Ulrich von Rechberg befand sich 1179 erstmals im Gefolge Kaiser Friedrich Barbarossas. In Urkunden des Kaisersohnes Philipp von Schwaben taucht er 1199 und 1200 wieder auf. Ulrichs Sohn, Marschall Hildebrand von Rechberg, begleitete schon 1194 den 1197 verstorbenen Kaiser Heinrich VI. nach Italien. Hildebrands Bruder Siegfried zählte als Bischof von Augsburg zu den angesehensten Persönlichkeiten des Reiches – ebenso viele andere Mitglieder der rechbergischen Familie.

Der staufische Buckelquaderbau lässt sich an der Innenburg von Hohenrechberg geradezu exemplarisch studieren – besonders beeindruckend sind die wie ein Schiffsbug nach Westen vorspringenden, hoch aufragenden Palaswände. Eine reizvolle Auflockerung erfahren die wehrhaften Mantelmauern der Kernburg durch die den Zwinger nach Norden abschließende, teilweise stark verwitternde Wand mit ihren sieben sich nach innen verengenden Rundbogenfenstern und einer schmalen gekuppelten romanischen Doppelarkade mit einfachen Zierformen als einzigem Schmuckelement.

Die erstaunliche Tatsache, dass die Burg Hohenrechberg im Lauf der Jahrhunderte nie gewaltsam zerstört wurde und erst am 6. Januar 1865 einem Blitzschlag zum Opfer fiel, brachte es mit sich, dass die staufische Anlage mehrfach umgebaut und erweitert wurde.

17 Burgruine Staufeneck, Schloss Ramsberg und Burg Scharfenberg

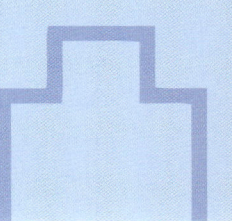

Burgruine Staufeneck

Man kann die Burgruine Staufeneck das Wahrzeichen des Filstals nennen, denn kein anderer Punkt beherrscht so eindrucksvoll den uralten Fernweg durch das Tal wie diese Wehranlage auf dem südlichen Ausläufer des Rehgebirges über Süßen. Staufeneck war neben Hohenrechberg das stärkste Bollwerk in dem sich schützend um den Hohenstaufen legenden Kranz von Burgen. Auf die enge Verbindung mit der Stauferburg weist der Name Staufeneck eindrücklich hin. Vermutlich sind beide Burgen annähernd zur gleichen Zeit, also am Ende des 11. Jahrhunderts erbaut worden, Staufeneck wohl von dem Bruder des ersten staufischen Schwabenherzogs Friedrich, Ludwig von Staufen. Das Haus Staufeneck blühte noch lange nach dem Untergang des schwäbischen Kaisergeschlechts; erst in der ersten Hälfte des 14. Jahrhunderts kam die Burg in den Besitz der Familie Rech-

Burg Staufeneck

berg und wurde bis 1599 Sitz einer Nebenlinie. Anschließend kam das Gut in verschiedene Hände, wurde mehrere Male gewaltsam von Württemberg besetzt und ging 1665 durch Kauf an das Haus Degenfeld. Heute befinden sich das neuerbaute Hotel und die renommierte Gastronomie in Privatbesitz.

Von der ursprünglichen staufischen Burganlage ist nur noch der gewaltige runde Bergfried mit seinen prachtvollen Buckelquadern erhalten. Er wurde flankiert vom Alten Schloss, von dem noch ansehnliche Reste stehen, und von dem erst um das Jahr 1500 errichteten Neuen Schloss, das fast vollständig verschwunden ist. Der Zerfall der Burg setzte erst um die Mitte des 19. Jahrhunderts ein und wurde durch umfangreiche Abbrucharbeiten beschleunigt. Geblieben ist die herrliche Aussicht ins Fils- und Lautertal, hinüber zur Kette der Albberge und zum Hohenstaufen.

Burg Staufeneck
73084 Salach
Telefon: 07162/933 440
Fax: 07162/933 4455
Mail: info@burg-staufeneck.de
www.burg-staufeneck.de

Schloss Ramsberg

Wie Staufeneck liegt das Schloss Ramsberg (Stadt Donzdorf) auf einem Ausläufer des sich vom Hohenrechberg nach Süden erstreckenden Rehgebirges. Als Burg ist es bereits 1270 im Besitz des Ministerialen Konrad von Plochingern erwähnt, eines Verwandten der Herren von Rechberg, in deren Hand sich Burg und Schloss Ramsberg mehrmals über längere Epochen befand. In die Mitte des 13. Jahrhunderts, also noch in die spätstaufische Zeit fällt der Bau der Türnitz, einer repräsentativen Gewölbehalle unter dem Palas, die als Aufenthaltsraum der Burgmannschaft diente. Wie Hohenrechberg und Staufeneck gehörte auch der in Privatbesitz befindliche Ramsberg zum Kranz der Ministerialenburgen rund um den Hohenstaufen.

Burg Scharfenberg

Unmittelbare Beziehungen zur Stauferfamilie besaßen die 1156 in der Umgebung Kaiser Friedrich Barbarossas urkundlich erwähnten Otto und Friedrich von Scharfenberg. Nochmals ist 1194 ein Gottfried von Scharfenberg fassbar. Die nächste Erwähnung der zwischen Fils- und Lautertal auf Donzdorfer Gemarkung reizvoll auf einem sanft abfallenden Hügel gelegenen Burg fällt in das Jahr 1194. 1310 war bereits die Familie von Rechberg im Besitz der Burg. Später ist mehrfach von den Grafen von Helfenstein die Rede.

Noch heute sind auf dem Scharfenberg die Reste des stauferzeitlichen Bergfrieds zu erkennen. Von den spätmittelalterlichen Wohngebäuden der Burg verdient besonders der nördlich des Turmes gelegene dreistöckige Palas trotz seiner ruinösen Erhaltung Beachtung. Immerhin war der Bau bis vor etwa zweihundert Jahren noch bewohnt.

Burg Scharfenberg

Stadtverwaltung Donzdorf
Schloss 1–4
73072 Donzdorf
Telefon: 07162/922-0
Fax: 07162/922-521
www.donzdorf.de

18 Faurndau und Bad Boll

Faurndau, ehem. Stiftskirche St. Marien

Zu den bedeutendsten romanischen Bauwerken Schwabens zählt die heutige evangelische Pfarrkirche in Faurndau. Sie steht an der Stelle einer bereits im Jahr 875 als „monasteriolum", als Klösterlein, erwähnten Niederlassung, die 895 in den Besitz des Klosters St. Gallen kam. Im Jahr 1227 wurde der Konvent in ein Chorherrenstift umgewandelt; gleichzeitig begann man mit dem Bau der heutigen Kirche. Die dreischiffige romanische Basilika mit ihren ursprünglich drei Apsiden ist nahezu ohne entstellende Veränderungen bis in unsere Zeit erhalten geblieben als ein großartiges Denkmal der spätstaufischen Kunst. Bei der Außenerneuerung ergab sich die Notwendigkeit, die stark der Verwitterung ausgesetzten Plastiken vom Ostgiebel des Langhauses durch Kopien zu ersetzen. Die Originale fanden in der Stauferhalle des Göppinger Museums Aufstellung, sodass sie vor weiteren zerstörenden Witterungseinflüssen geschützt sind. Die Betrachtung dieser Figuren wird zu einer unmittelbaren Begegnung mit der staufischen Geisteswelt in ihrer ganzen Vielfalt.

Stiftskirche Faurndau
Stiftstraße 15
73035 Göppingen-Faurndau
Telefon: 07161/21135
Telefax: 07161/21109
ganzjährig geöffnet, täglich von 10 bis 18 Uhr
www.goeppingen.de/servlet/PB/menu/1038287_l1/index.html

Die Wiederherstellung des Kircheninneren zählt zu den rühmlichsten Leistungen der staatlichen Denkmalpflege. Durch die Beseitigung der im 19. Jahrhundert eingezogenen Empore wurde der Chor als wichtigster Raumteil wieder in das ihm gebührende Licht gerückt. An Wänden und Gewölben kamen bedeutende Freskomalereien zum Vorschein: im Kreuzrippengewölbe des Chorquadrats die vier glänzend ausgeführten Evangelistensymbole, in der Apsiskuppel Christus als Weltenrichter, gemalt noch vor dem Jahr 1300. Die Aufdeckung der Fresken war eine Folge der 1957 abgeschlossenen durchgreifenden Wiederherstellung des durch spätere Einbauten empfindlich gestörten spätromanischen Innenraums der um 1230 erbauten Kirche. Nach 1300 wurden die Wände des Chors mit einem Marienzyklus ausgemalt, der leider durch nachträgliche bauliche Veränderungen starke Einbußen erlitten hat.

Faurndau, ehemalige Stiftskirche

Boll mit Stiftskirche, Darstellung von 1688

Bad Boll, ehem. Stiftskirche St. Cyriacus

Die dem heiligen Cyriacus geweihte heutige evangelische Pfarrkirche in Bad Boll vermittelt den nahezu unverfälschten Eindruck einer dreischiffigen romanischen Basilika aus der Zeit um 1200. Sie ist damit der älteste Kirchenbau im Kreis Göppingen. Das Bild des Innenraums bestimmen die kräftigen Pfeilerarkaden und der hochragende Triumphbogen, der das flachgedeckte Mittelschiff von dem etwas niedrigeren rechteckigen Chor trennt. Von der alten Ausstattung sind der schöne romanische Taufstein und ein zu einem Opferstock umgearbeitetes Weihwasserbecken erhalten geblieben. Die Kanzel ist eine reizvolle spätgotische Arbeit, der Deckel zeigt reiches barockes Schnitzwerk. An einem Pfeiler der nördlichen Arkadenreihe hat sich der Rest einer Bemalung erhalten. Von historischem Interesse sind die Wappenschilde und Gedächtnisbilder aus dem 16. bis 18. Jahrhundert.

Bad Boll Info
Hauptstraße 94 (im Rathaus)
73087 Bad Boll
Telefon: 07164/808-28
Fax: 07164/808-33
Mail: sgorol@bad-boll.kdrs.de
www.bad-boll.de, www.ev-kirche-boll.de/42.html

19 Heidenheim und Giengen a. d. Brenz

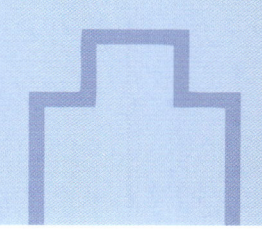

Heidenheim a. d. Brenz, Burgruine Hellenstein

Im Gefolge des Markgrafen Diepold III. von Vohburg, des späteren Schwiegervaters Kaiser Friedrich Barbarossas, ist 1096 „Gozpert de Halensteine" urkundlich bezeugt. Sein Name ist von einer Burg bei Beilngries im Altmühltal abgeleitet. Diepold hatte ihn wohl schon um 1090 mit einem Teil seiner Güter im Brenztal belehnt. Gegenüber der alten Alamannensiedlung am Totenberg errichtete Gozpert auf einem siebzig Meter aus der Talsohle aufragenden Felsen eine Burg, auf die er seinen Namen „Halenstein" (Hellenstein) übertrug. Durch seine Heirat mit einer Erbin aus dem Hause Stubersheim erwarb er zusätzlich zu seinen Lehnsbesitzungen noch Eigengüter um Heidenheim, Herbrechtingen, Bolheim und Nattheim.

Durch die Vohburger Erbschaft des Jahres 1147 wurde der Sohn des 1138 verstorbenen Gozpert, Adalbert von Hellenstein, ein direkter Lehnsmann Barbarossas. In der folgenden Generation erwarb sich Degenhard von Hellenstein dessen besonderes Vertrauen. Man findet ihn bis 1182 häufig als Zeugen in kaiserlichen Urkunden; er begleitete Barbarossa auf mehreren Italienzügen und nahm auch an der berühmten Belagerung von Mailand (1161/62) teil. Der Kaiser bestellte ihn zum „Prokurator", das heißt zum Verwalter aller Königsgüter im Herzogtum Schwaben. Das lässt auf ein enges persönliches Verhältnis zwischen beiden schließen.

In den ältesten Teilen des heutigen, zu Beginn des 17. Jahrhunderts großzügig ausgebauten Schlosses Hellenstein haben sich noch stattliche Reste der um das Jahr 1100 erbauten Burg Gozperts erhalten. Schön behauene Buckelquader sprechen allerdings dafür, dass erst Degenhard von Hellenstein gegen Ende des 12. Jahrhunderts dieser Burg ihre endgülti-

Burgruine Hellenstein,
staufischer Palas

ge Gestalt verlieh und sie zum wichtigen Bestandteil des von den Staufern in ihrem Herzogtum systematisch angelegten Verteidigungssystems machte, dessen militärische Besatzung von treu ergebenen Vasallen des staufischen Hauses befehligt wurde.

Die Burg Hellenstein fiel am 5. August 1530 einem verheerenden Brand zum Opfer, wurde jedoch bis 1544 verändert wieder aufgebaut. Ihr Verfall setzte gegen Ende des 18. Jahrhunderts ein; 1807 wurde mit dem Abbruch von Nebengebäuden begonnen, 1822 an den staufischen Palas selbst Hand gelegt. Nach der Mitte des 19. Jahrhunderts kamen Bestrebungen zur Erhaltung der Ruine zum Zuge. Mit ihren teilweise noch bis zur Höhe der Dachtraufe erhaltenen starken Umfassungsmauern zählt sie zu den eindrucksvollsten baulichen Zeugnissen der staufischen Epoche im östlichen Schwaben.

Museum Schloss Hellenstein
Postfach 1146
89501 Heidenheim
Telefon: 07321/43381
Homepage: www.heidenheim.de/
museum-schloss-hellenstein/informationen.html
Öffnungszeiten
15. März bis 15. November
Di–Sa 10–12, 14–17 Uhr
So/Feiertags 10–17 Uhr

Tourist-Information
Hauptstraße 34
89522 Heidenheim
Telefon: 07321/327-4910
Fax: 07321/327-4911
Mail: tourist-information@heidenheim.de
Homepage: www.heidenheim.de/
tourismus-kultur/touri-info.html

Giengen an der Brenz

Giengen a. d. Brenz, Stadtbefestigung und evangelische Stadtkirche

Burg und Umland von Giengen zählten zu den ältesten Besitztümern der Staufer im Osten des Herzogtums Schwaben – sie waren Barbarossa 1147 mit dem Heiratsgut Adelas von Vohburg zugefallen. In der Folge wurde der Platz zum Mittelpunkt der staufischen Besitzungen im Brenztal. Die bereits im späteren 11. Jahrhundert auf einem nach Westen steil abfallenden Sporn des Schießbergs nachweisbare Burg erhielt noch durch Kaiser Friedrich I. den Charakter einer Pfalz; Barbarossa leitete von hier aus am 1. Mai 1171 die Reform des Kanonikerstifts Herbrechtingen in die Wege und besetzte es mit Augustiner-Chorherren aus Hördt bei Germersheim. Noch zweimal weilte Barbarossa in Giengen: 1187 und, kurz vor dem Aufbruch zum Kreuzzug, 1189. Philipp von Schwaben, der jüngste Sohn des Kaisers, stellte 1206 in Giengen ein Schutzprivileg für den Propst von Herbrechtingen aus.

Die Bevorzugung Giengens durch die Staufer und nach deren Untergang vor allem auch durch Rudolf von Habsburg veränderte den ursprünglichen Burgweiler zum Marktflecken und – nach seiner Ummauerung im Jahr 1252 – schließlich zur Stadt. 1279 ist die Bezeichnung „civitas" erstmals schriftlich bezeugt, seit 1307 besaß Giengen den Status einer freien Reichsstadt.

Ein imposanter Rest der staufischen Stadtbefestigung hat sich an der einstigen Nordwestecke des Mauerrings – fälschlicherweise als „Burg" bezeichnet – erhalten. Das Mauerwerk ist abwechselnd aus gebuckelten und glatten Quadern in bester Steinmetztechnik aufgeführt und vermittelt mit den weißgekalkten jüngeren Teilen, die aufgesetzt worden sind, geradezu südländisches Flair.

Ebenfalls aus staufischer Zeit erhalten, aber kaum mehr sichtbar zu machen sind große Teile der romanischen Pfeilerbasilika – heute evangelische Stadtkirche –, die der Gmünder Johanneskirche ähnlich gewesen sein dürfte, bevor sie durch den Anbau eines gotischen Chors und umfangreiche Veränderungen am Langhaus und an den Türmen ihre heutige Gestalt erhielt. Immerhin dringen in dem nach einem verheerenden Brand vom 5. September 1634 neu gestalteten Innenraum an manchen Stellen noch Formelemente des staufischen Baus durch.

Die Stadtkirche ist täglich von 14.30 bis 16 Uhr geöffnet. Führungen sind in Absprache mit dem Evangelischen Pfarramt Mitte, Tanzlaube 1, Telefon 07322/919300 möglich.

i-Punkt
Marktstraße 9
89537 Giengen an der Brenz
Telefon: 07322/952-2920
Mail: tourist-info@giengen.de
www.baerenland.de

20 Brenz, Galluskirche

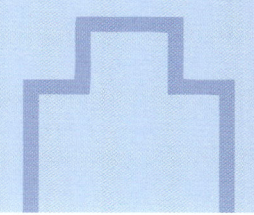

Es ist ein langer Weg von der in einer heute in St. Gallen verwahrten Urkunde König Ludwigs des Deutschen vom 11. August 875 erstmals erwähnten „capella ad Prenza" – dem nachweislich nicht ersten Kirchenbau an diesem Platz – zur heutigen Galluskirche. Die 1147 an Barbarossa gefallene Vohburger Mitgift macht die Annahme wahrscheinlich, dass der Kaiser selbst den Anstoß zum Bau des dreitürmigen Westwerks gab, dessen besonderes Merkmal eine Herrschaftsempore ist. Ins Auge fallen darüber hinaus manche Anlehnungen an die Klosterkirche in Lorch, deren Westfront ebenfalls von zwei Rundtürmen flankiert war.

Begonnen wurden diese westlichen Teile der Brenzer Kirche um 1170. Der den Bau ausführende Ortsherr war wohl jener staufische Ministeriale Sebolt, dessen in die südliche Langhauswand eingelassene, nach 1190 gefertigte Grabplatte ihn als Kreuzfahrer bezeugt. Politische Umwälzungen, die mit der Absetzung König Heinrichs (VII.), des Sohnes Kaiser Friedrichs II., im Zusammenhang hätten stehen könnten, führten dazu, dass die Herren von Brenz ihrer Güter verlustig gingen und von den Güssen von Güssenberg abgelöst wurden. Dem widerspricht eine 1975 erschienene Arbeit über die Faurndauer Kirche entschieden. Sie verlegt den Bau der heutigen Galluskirche aufgrund stilkritischer Vergleiche mit den Bogenfriesen in Königslutter und St. Godehard in Hildesheim noch in die letzten Jahre des 12. Jahrhunderts. Damit fiele der Kirche in Brenz der Ruhm zu, die älteste der sogenannten „schwäbischen Schmuckkirchen" zu sein und somit beispielgebend auf die Stiftskirche in Faurndau, die Johanneskirche in Schwäbisch Gmünd und die Walterichskapelle in Murrhardt gewirkt zu haben.

Brenz, Fries an der Galluskirche

Allerdings lässt der Grundriss der Galluskirche große Abhängigkeit von ihrem Vorgängerbau erkennen, weshalb ein schlecht proportioniertes, nahezu quadratisches Langhaus entstand. Die Mauer aus grob behauenen, unterschiedlich großen Juraquadern entbehrt jener Sorgfalt, mit der beim Bau der aus sauber versetzten Sandsteinen erstellten Basiliken in Faurndau und Schwäbisch Gmünd zu Werk gegangen wurde. Eine grundlegende Erneuerung in den Jahren 1964 bis 1966 hat entstellende Zutaten eines Umbaus von 1631 und einer „historisierenden" Renovierung von 1893/96 beseitigt. Dennoch wird das schlichte äußere Gesamtbild durch den am Ende des 19. Jahrhunderts aufgesetzten Turmaufbau stark beeinträchtigt.

In der romanischen Baukunst weist das Äußere der Kirchen in der Regel nur an drei Stellen plastischen Schmuck auf: an den Dachgesimsen, an den Bögen und in den Tympana über den Portalen. Diese Bogenfelder gibt es nirgends in so großer Zahl wie im südwestdeutschen Raum – sie betonen in besonderer Weise das Grundelement der romanischen Architektur: den Rundbogen.

Die Brenzer Galluskirche besitzt im Innenportal der dem Langhaus südlich vorgebauten Eingangshalle ein hervorragendes Beispiel des spätromanischen Portaltyps. Die vierfache Abtreppung verleiht ihm monumentale Wirkung. Ein rahmendes Band von Blattfächergebilden und ein Kugelfries umziehen die Portalarchitektur, drei enggestellte Paare von Gewändesäulen zwingen den Eintretenden geradezu in die Kirche hinein.

Die merkwürdig lang gezogenen Säulenhäupter sind mit vielgestaltigen Blattformen geschmückt. Aus dreien wachsen menschgesichtige Masken von einer Intensität des Ausdrucks heraus, wie man sie an den übrigen Bildwerken der Kirche nicht trifft.

Das Tympanonrelief zeigt eine großformatig in den Halbkreisbogen gesetzte Dreiergruppe: Christus, die rechte Hand zum Redegestus erhoben, die linke auf ein mit fünf Buckeln geschmücktes Buch gelegt, flankiert von den knapp beschnittenen Brustbildnissen Marias und Johannes des Täufers. In der künstlerischen Auffassung vorzüglich, leidet die handwerkliche Durcharbeitung des Reliefs unter dem spröden Material des Weißjurakalks, der eine subtile Konturierung der Figuren, wie sie etwa das Ellwanger Südportal zeigt, nicht zulässt.

Die Rundbogenfriese, welche die Brenzer Galluskirche umziehen, erreichen aneinandergereiht eine Länge von 105 Metern. Sie sind mit 172 Bildwerken geschmückt, von denen sich noch 137 im Originalzustand befinden; der Rest wurde 1893/96 durch Sandsteinkopien ersetzt. Die Lust zum Fabulieren scheint in diesen Friesen wahre Triumphe zu feiern. Und doch ist sicher nichts zufällig in dieser prallen Bilderwelt aus Menschen, Tieren, Pflanzen, Fabelwesen, Dämonen, Tierkreiszeichen und Flechtbändern, von denen keines dem anderen ähnelt, obwohl der verfügbare Raum stets derselbe ist. Zum Ruhm der Brenzer Galluskirche tragen neben den gefüllten Rundbogenfriesen die zwölf Kapitelle im Langhaus entscheidend bei.

Gemeinde Sontheim an der Brenz
Brenzer Straße 25
89567 Sontheim
Telefon: 07325/17-0

Fax: 07325/17-47
Mail:
info@sontheim-an-der-brenz.de
Homepage: www.sontheim-brenz.de

21 Burg Katzenstein

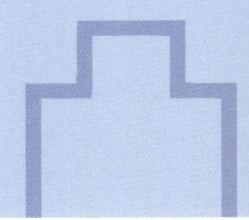

Nicht nur für die Ostalb ist der Katzenstein so etwas wie der Inbegriff einer staufischen Burg geworden: Denkmalpflege, Fremdenverkehrsbehörde und nicht zuletzt der rührige Besitzer selbst haben die bauliche und kunsthistorische Bedeutung sowie die malerische Schönheit dieser Anlage im ganzen südwestdeutschen Raum bekannt gemacht. Mit hohem finanziellen Aufwand wurden seit 1967 umfangreiche Sanierungs- und Wiederherstellungsarbeiten an der Burg durchgeführt, die 1976/77 ihren vorläufigen Abschluss im Ausbau des staufischen Palas fanden. Die in diesem Zusammenhang gemachten Ausgrabungen lassen sich in ihrer ganzen Tragweite derzeit noch nicht ermessen – sie stehen möglicherweise in Verbindung mit jener vorstaufischen Burg, als deren Besitzer Herren von Cazzenstein als Lehnsleute der Dillinger Grafen im Jahr 1099 urkundlich fassbar sind. Diesem ersten Wehrbau sind wohl auch die merkwürdigen ebenflächigen Kalksteinquader am Sockel des „Katzenturms" zuzurechnen, die zu dem prachtvollen Buckelquadergemäuer am Schaft des Bergfrieds in auffallendem Gegensatz stehen. Dieses mit Ausnahme seines zinnenbesetzten Aufsatzes typisch staufische Bauwerk umschließt noch einen in dieser Form höchst seltenen, über Eck eingebauten Kamin mit zuckerhutförmigem Schoß, der von zwei reichverzierten Kapitellsäulchen getragen wird. An einem der unterstützenden Kämpfer erkennt man eine Katze als redendes Wappen der ersten Burgherren.

Ausgangs der Stauferzeit gelangte Burg Katzenstein in den Besitz Rudolfs I. von Hürnheim-Rauhhaus; dessen Sohn tritt in einer Urkunde des Klosters Zimmern vom 28. März 1262 als Rudolfus de Katzenstein als Zeuge auf. Schon 1354 verkaufte Herdegen II. von Hürnheim die

Burg an die Grafen von Oettingen; von 1380 bis 1572 waren die Herren von Westerstetten Lehnsträger. Im Jahr 1632 wurde die Burg wiederum Bestandteil der Grafschaft Oettingen-Baldern. Kurz vor dem Ende des Dreißigjährigen Krieges brannten Franzosen und Schweden die bereits im 16. Jahrhundert gegen die Vorburg beträchtlich erweiterte Feste nieder; 1669 ließ Friedrich Wilhelm von Oettingen sie wiederherstellen. Mit dem Erlöschen der Linie Baldern fiel Katzenstein 1798 an das Haus Oettingen-Wallerstein. Häufiger Besitzwechsel führte in den letzten 150 Jahren zum rasch fortschreitenden Zerfall und zu einer erschreckenden Verwahrlosung der Burg. Ihre Rettung ist ein Ruhmesblatt der heutigen Eigentümer und der Staatlichen Denkmalpflege.

Burg Katzenstein

Im Zuge der sich über Jahre hinziehenden Wiederherstellungsarbeiten an Burg Katzenstein erfuhr auch die seit langem profanierte und verwahrloste romanische St. Laurentius-Kapelle eine durchgreifende Renovierung. Dabei gelang den Restauratoren die Freilegung einer bis zu drei Schichten umfassenden Ausmalung, die bisher unter einer dicken Tünche verborgen gewesen war. Eine in die Zeit der Wiederherstellung des Katzensteins um 1669 datierbare barocke Bildfolge von großem Reiz verdeckte spätgotische Wandbilder, deren künstlerische Qualität höchst bemerkenswert ist. Dennoch entschloss man sich, unter Erhaltung einiger Belegstücke auf diese beiden Malschichten zugunsten der darunter noch ganz hervorragend konservierten ursprünglichen Ausmalung der Burgkapelle zu verzichten. Dieser auf feuchten Putz aufgetragene Bilderzyklus erwies sich als ein Werk der Zeit um 1250/80, das man zu den wichtigsten Freskomalereien aus der Zeit des Übergangs von der Spätromanik zur Frühgotik zählen darf.

Dominierend ist in der Apsis die Szene des Jüngsten Gerichts: Christus in der spitzovalen Mandorla, auf dem Regenbogen thronend, begleitet von den Fürbittern Maria und Johannes dem Täufer sowie Engeln mit den Leidenswerkzeugen. Kleine Posaunenengel rufen winzige Menschlein zur Auferstehung, die zwölf Apostel wohnen in feierlicher Reihe dem Geschehen bei.

Burg Katzenstein
Burgverwaltung Familie Walter
89561 Dischingen-Katzenstein
Telefon: 07326/919656
Fax: 07326/963524
Mail: info@burgkatzenstein.de
Homepage: www.burgkatzenstein.de
Einkehr- und Übernachtungsmöglichkeit auf der Burg vorhanden.

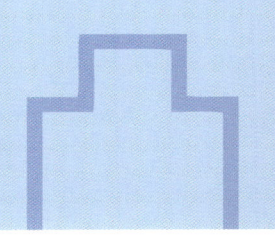

22 Burgruine Flochberg und Bopfingen, Stadtkirche St. Blasius

Burgruine Flochberg

Die Geschichte der Burg Flochberg muss für die Stauferzeit im Zusammenhang mit jener der zu ihren Füßen liegenden Siedlung Bopfingen gesehen werden. Beide liefern entscheidende Hinweise auf die Herkunft der späteren staufischen Familie. In diese Beweisführung passt auch die Tatsache, dass Herren von Flochberg erstmals 1138 – also im Jahr der Königswahl des Staufers Konrad III. – bezeugt sind und dass ihre Burg sieben Jahre später als „castrum regis", als königlicher Besitz, in den Urkunden erscheint. In die Regierungszeit Barbarossas fällt das erste Auftreten der Herren von Bopfingen im Jahr 1153, die als staufische Ministerialen die wichtigen Ämter eines Marschalls und Kämmerers im Herzogtum Schwaben bekleideten. Als Eigengut der Staufer überließ Kaiser Friedrich I. im Jahr 1188 den damaligen Marktflecken Bopfingen samt der Burg Flochberg seinem Sohn Konrad von Rothenburg anlässlich von dessen Hochzeit mit Berengaria von Kastilien. 1241 wurde Bopfingen im Reichssteuerverzeichnis mit fünfzig Mark Silber veranlagt – es dürfte demnach kurz zuvor Stadtrechte erhalten haben. Nach dem Untergang der Staufer errang die Stadt nach langem Kampf im

Die Burgruine ist frei zugänglich.

Förderverein Burgruine Flochberg
Am Beiberg 33
73441 Bopfingen
Telefon: 07362/3651

www.fv-burgruine-flochberg-ev.eu
klaus.meyer@fv-burgruine-floch-berg-ev.eu

Ruine Flochberg

14. Jahrhundert die Reichsunmittelbarkeit, spielte jedoch im Kreis der Reichsstädte nie eine wichtige Rolle.

Bopfingen, Blasiuskirche

Das bedeutendste Bauwerk Bopfingens, die Blasiuskirche, geht auf eine Stiftung der Herren von Flochberg zu Beginn des 12. Jahrhunderts zurück. Von dem um 1120 errichteten einschiffigen romanischen Bauwerk blieben an der Südseite ein schlichtes Rundbogenportal und ein stark verwittertes Reiterrelief sowie im Innern der romanische Chorbogen erhalten. Die Kirche wurde wie die Reichsburg Flochberg stark in Mitleidenschaft gezogen, als nach 1314 der Kampf um die Königswürde zwischen Ludwig dem Bayern und Friedrich dem Schönen im Ries deutliche Spuren hinterließ. Als neue Lehnsträger errichteten die Grafen von Oettingen nach 1330 die Burg neu; nachdem sie 1648 von den Schweden zerstört worden war, überließ man sie dem Verfall. Heute sind es nur noch spärliche, teilweise recht bizarre Trümmer, die auf dem kahlen Hügel gegenüber dem Ipf den Platz der einstigen Stauferburg markieren.

Die Kirche ist geöffnet März bis Oktober von 9–17 Uhr.

Führungen beim Evangelischen Pfarramt Bopfingen
Vordere Pfarrgasse 13
73441 Bopfingen

Telefon: 07362/7556
Fax: 07362/ 6367
Mail: pfarramt.bopfingen@elk-wue.de

23 Ellwangen

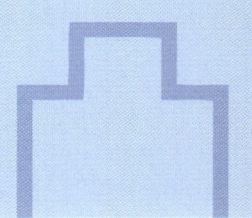

Mit Abt Adalbert I. von Ronsberg wurde im Jahr 1136 ein Mann an die Spitze des benediktinischen Konvents in Ellwangen berufen, der zuvor in Ottobeuren vom Geist der cluniazensisch-hirsauischen Reformbewegung erfüllt worden war und damit ein überzeugter Anhänger der päpstlichen und wohl auch der welfischen Partei gewesen sein muss. So nimmt es nicht wunder, dass der Ellwanger Abt nach dem Regierungsantritt des Stauferkönigs Konrad III. im Jahr 1138 fünf Jahre lang überhaupt nicht als Zeuge in einer am Hof ausgestellten Urkunde auftritt.

Anders verhält es sich bei Abt Kuno, der 1188 den seit 1173 regierenden Adalbert II. abgelöst hatte. Er leitete voller Tatkraft den kaum begonnenen Wiederaufbau der 1182 zum zweiten Mal niedergebrannten Klosterkirche, erscheint als Zeuge in mehreren Urkunden Kaiser Heinrichs VI., wandte sich jedoch nach dessen Tod 1197 dem Welfen Otto IV. zu, um von März 1215 an in den Diplomen Friedrichs II. auffallend häufig als Urkundsperson aufzutreten. 1218 übernahm Kuno zusätzlich die Leitung der Abtei Fulda und wurde zwei Jahre später mit der Vorbereitung der Kaiserkrönung Friedrichs in Rom beauftragt.

Die Stiftskirche zum hl. Veit ist in ihrer heutigen Form das Vermächtnis des 1221 verstorbenen großen Abts. 1233 wurde sie geweiht. Der vielleicht dem Klosterkonvent entstammende Architekt hatte sich zweifellos an den Domen in Mainz und Worms und an der mittelrheinischen Zisterzienserarchitektur orientiert, setzte jedoch die verschiedenartigen Vorbilder selbständig um und machte die Kirche zum herausragendsten Baudenkmal der staufischen Epoche im Stammland des Kaisergeschlechts,

Ellwangen, Stiftskirche St. Veit

ja sogar zu einem der eindrucksvollsten Zeugnisse der spätromanischen Architektur rechts des Rheins überhaupt.

Dem verhältnismäßig gedrungenen Langhaus, dessen Westgiebel ein zierlicher Turm überragt, ist eine zweigeschossige Vorhalle angegliedert. An das Querhaus schließt sich nach Osten eine dreischiffige Choranlage mit entsprechendem apsidalen Abschluss an. Die beiden Türme wachsen aus den Nahtstellen zwischen Querhaus und Chor heraus; sie weichen in ihrer äußeren Durchbildung leicht voneinander ab, die Pyramiden- dächer haben nicht mehr ihre ursprüngliche Form. Diese Türme machen die Ostpartie der Ellwanger Stiftskirche vollends zu einer im Wortsinn ausgereiften Leistung, die sich in der grandiosen Abfolge der verschiedenen Baukörper, einem ausgewogenen Verhältnis der einzelnen Teile zum Ganzen und einer – leider durch spätere Anbauten gestörten – strikten Symmetrie manifestiert.

Die Stiftskirche hat ihre Schauseite zur Stadt hin, also nach Süden. Diese Längsfront war, wie die Stiftertafel im südlichen Querhaus deutlich macht, einst viel reicher geschmückt. Heute zieht vor allem das von einem dreifach abgetreppten Bogenlauf mit kerbschnittartigen Ornamentbändern und einem nach innen gewendeten Zinnenkranz eingefasste Portal den Blick auf sich. Im Tympanon thront Christus als Weltenrichter, von der Mandorla umhüllt und begleitet von den Fürbittern Maria und Johannes. Die Haltung der Figuren ist feierlich, ihr Stil wirkt altertümlich, die künstlerische Qualität ist durchschnittlich.

Die als letzter Bauteil der Kirche vollendete Westvorhalle ist in ihrem ursprünglichen Grundriss trotz der am Ende des 15. Jahrhunderts erfolgten Ummantelung noch klar zu erkennen; sie ist aus drei Balken eines gleicharmigen Kreuzes gebildet. Leider wird die einzigartige Schönheit dieses aus wuchtigen Pfeilern und schon leicht spitzbogigen Arkaden geformten Raumes durch eine Vielzahl von dort meist nach der Barockisierung der Kirche abgestellten Altären und Bildwerken stark beeinträchtigt. Besondere Beachtung verdient hier das Hochrelief des 1339 verstorbenen Ritters Ulrich von Ahelfingen, eines der hervorragendsten Beispiele süddeutscher Grabplastik der Hochgotik.

Tourist-Information Ellwangen
Spitalstraße 4
73479 Ellwangen
Telefon: 07961/84303
Telefax: 07961/55267
www.ellwangen.de

24 Hagenau/Haguenau, Kaiserpfalz und Kirche St. Georg

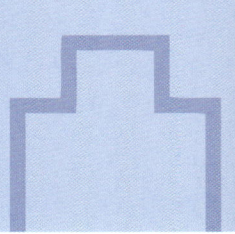

Kaiserpfalz

Die erste Nachricht über die Gründung einer Burg auf einer von dem Flüsschen Moder umflossenen Insel datiert aus der Zeit um 1030, als Erbauer ist Hugo von Egisheim, Graf im elsässischen Nordgau, genannt. Diese Burg fiel durch die eheliche Verbindung der Hildegardis von Egisheim mit dem Riesgrafen Friedrich von Büren an die Staufer und wurde durch Herzog Friedrich den Einäugigen, den Vater Barbarossas, zu deren Lieblingssitz. Letzterer baute die Burg zu einer Pfalz mit Residenzcharakter aus und erhob die zugehörige Siedlung am 15. Juni 1164 zur Stadt. Die Pfalz wurde Sitz des Reichslandvogts für das umfangreiche Reichsgut im Elsass, die Stadt spielte eine führende Rolle in der Dekapolis, dem elsässischen Zehn-Städte-Bund. Zur wirtschaftlichen Prosperität der Stadt trug in erster Linie der nördlich an die Moderinsel grenzende „Heilige Forst" bei, ein Gebiet von heute noch 19.000 Hektar Laub- und Nadelwald, in dem der Sage nach um das Jahr 550 der hl. Arbogast, „Apostel der Alamannen" und Bischof von Straßburg, als Eremit gelebt haben soll.

Die staufische Kaiserpfalz, an die seit kurzem eine achteckige Buntsandsteinstele erinnert, glich in ihrer Gesamtanlage der Pfalz in Gelnhausen. Ihr Baubeginn fällt in die ersten Regierungsjahre Friedrich Barbarossas, der hier zwischen 1158 und 1189 eine Reihe von Urkunden ausstellte. Sein Sohn und Nachfolger Heinrich VI. weilte mehr als zwanzig Mal in Hagenau. Zwischen 1153 und 1208 war die Pfalzkapelle der Aufbewahrungsort der Reichskleinodien. Der mehrere Jahre nach dem 3. Kreuzzug in staufischer Gewalt befindliche englische König Richard

Hagenau, Nachbildung der Pfalzkapelle im Stadtmuseum

Löwenherz verantwortete sich 1193 in der Hagenauer Pfalz vor einer Versammlung von Reichsfürsten. Auch von König und Kaiser Friedrich II. sind zwischen 1212 und 1220 und nochmals 1235 mehrere Aufenthalte in Hagenau urkundlich belegt. Auch nach dem Untergang der Staufer war die Pfalz in Hagenau Sitz eines Landvogts.

Der bauliche Zustand der Anlage verschlechterte sich im weiteren Verlauf des Mittelalters zusehends, so dass man sich am Ende des 17. Jahrhunderts zum Abbruch entschloss und aus den Steinen das strategisch wichtige Fort Louis zwischen Rhein und Moder erbaute. Die Pläne dazu lieferte der berühmte Festungsbaumeister Vauban. An der Stelle der Pfalzanlage entstand 1730/38 ein Jesuitenkolleg, das 1767 in eine Kaserne umgewandelt wurde und seit 1961 als Altersheim dient. Pläne aus der Zeit um 1700 sowie archäologische Grabungen gestatten die Feststellung, dass die Hagenauer Pfalz durch zwei Torbauten zugänglich war, dass der Palas an der Nordseite der Insel stand und sich daran im Winkel ein weiteres Gebäude anschloss. Zahlreiche auf der Insel und in

Hagenau, die Pfalzkapelle auf einer Darstellung des 17. Jahrhunderts

Fort Louis aufgefundene Bruchstücke von Bauplastiken zeichnen sich durch hohe künstlerische Qualität aus. Sie werden im Museum der Stadt Hagenau verwahrt.

Kirche St. Georg

Die durch den Abbruch der Kaiserpfalz verlorengegangene stauferzeitliche Bausubstanz hat sich in manchen Teilen der 1184 geweihten Kirche St. Georg erhalten. Die dreischiffige gewölbte, ursprünglich flachgedeckte Basilika bietet mit ihren zehn Arkaden ein bedeutendes spätstaufisches Raumbild, das am Außenbau durch den achteckigen Vierungsturm und die beiden Treppentürme noch verstärkt wird. Die gotische Umgestaltung zeigte sich der stauferzeitlichen durchaus ebenbürtig. Auch die Ausstattung vom Ende des 15. und beginnenden 16. Jahrhundert – vor allem Steinkanzel, Sakramentshäuschen, Altäre und Einzelfiguren – besitzt außerordentlich hohe Qualität.

Von den übrigen Kirchen Hagenaus ist die als Spitalkirche von Kaiser Friedrich I. Barbarossa gegründete und 1189 den Prämonstratensern übergebene Kirche St. Nikolaus hervorzuheben, eine dreischiffige Säulenbasilika ohne Querhaus. Sie erinnert an die späteren Bettelordenskirchen und besitzt wie St. Georg eine sehenswerte spätgotische Ausstattung.

Office de Tourisme
Place de la Gare
F – 67500 Haguenau
Telefon: 0033/388937000

Fax: 0033/388936989
Mail: tourisme@ville-haguenau.fr
www.tourisme-haguenau.
eu/?lang=de

25 Odilienberg/ Mont Sainte-Odile, Kreuzkapelle

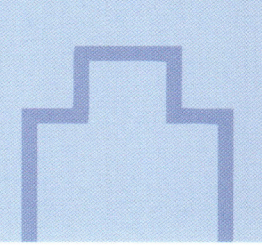

Unweit von Rosheim erhebt sich der 826 Meter hohe Odilienberg, von dem aus sich eine fantastische Fernsicht nach Osten, Norden und Süden eröffnet. Die Geschichte des Berges lässt sich bis ins erste vorchristliche Jahrhundert, in die Zeit der Kelten verfolgen, die ihn mit der rund zehn Kilometer langen sogenannten „Heidenmauer" befestigten, von der noch wesentliche Teile erhalten sind.

In der zweiten Hälfte des siebten nachchristlichen Jahrhunderts erbaute der elsässische Herzog Etticho auf den Resten eines römischen Kastells eine Burg, auf der im Jahr 662 seine anfangs blinde Tochter geboren, aber bei ihrer Taufe im Alter von zwölf Jahren sehend wurde und den Namen Odilia – „Kind des Lichts" – bekam.

Zunächst gegen den Willen ihres Vaters gründete sie wenige Jahre darauf an der Stelle der Burg ein Kloster, stiftete in Niedermünster ein Heim für Arme und Kranke und wurde schließlich nach ihrem Tod 720 in der Johanneskapelle – heute Odilienkapelle – begraben.

Die bis heute bedeutendste Wallfahrt im ganzen Elsass und weit darüber hinaus brachte es mit sich, dass der größte Teil der Klostergebäude aus dem Mittelalter durch neuere Bauten ersetzt wurde. Lediglich die Kreuzkapelle mit ihrer mächtigen und reich verzierten Mittelsäule blieb

http://www.mont-sainte-odile.fr/index.php?lang=de
www.odilienberg.net/odilienberg/de

Odilienberg, Kreuzkapelle

aus der Zeit nach 1150 erhalten. Sie stammt aus der Regierungszeit der Äbtissin Relindis und beherbergt die Grablege Herzog Ettichos und seiner Gemahlin Bereswinde.

Um 1170 entstand auf dem Odilienberg unter der Herrschaft der Äbtissin Herrad von Landsberg der berühmte „Hortus deliciarum", eine reich illustrierte christliche Enzyklopädie zur Bildung der Klosterinsassen. Das Original des einzigartigen Werkes verbrannte 1870 in Straßburg – Kopien überliefern bis heute seinen kostbaren Inhalt.

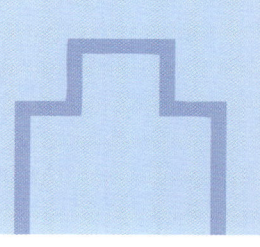

26 Maursmünster/ Marmoutier und Rosheim

Maursmünster, ehem. Abteikirche

Südlich des schon unter den Römern befestigten wichtigen Vogesenpasses „Tres Tabernae", der heutigen Stadt Zabern, schlossen sich um 590 auf dem Sindelsberg Schüler des hl. Columban zu einer mönchischen Gemeinschaft zusammen, die im frühen 8. Jahrhundert vom Namensgeber Abt Maurus kräftige Impulse erhielt. Der hl. Pirmin führte die Benediktinerregel ein und vollendete die Christianisierung des weiten Umlandes.

Nach einem verheerenden Brand um 827 unterstützte der Karolinger Ludwig der Fromme den Wiederaufbau des Klosters, sein Bruder Drogo, Bischof von Metz, stattete es mit kostbaren Reliquien aus. Das führte bald zu zahlreichen Wallfahrten, die am Ende des 11. Jahrhunderts die Blütezeit des Klosters einleiteten. 1115 wurde auf dem Sindelsberg auch ein Nonnenkonvent gegründet, der bis 1488 bestand.

1138 krönte der aus Maursmünster stammende einzige elsässische Kardinal Theocwin den ersten staufischen König Konrad III. in Aachen und begleitete ihn wenige Jahre später auf dem 2. Kreuzzug. In dieser Epoche begannen die Äbte des Klosters noch vor der Mitte des 12. Jahrhunderts mit dem Bau des einzigartigen Westwerks der heutigen Klosterkirche. Die mehrgeschossige Front besteht aus drei Teilen, die von Giebeln bekrönt sind. Über diesen erheben sich drei Türme, ein höherer quadratischer und zwei schlankere achtseitige, jeweils reich durch Lisenen und Rundbogenfriese belebt. Der Kunsthistoriker Georg Dehio stellte fest, der Westbau von Maursmünster besitze „jene zusammengenommene markige Kraft, die dem elsässischen Kirchenbau so oft etwas dem Wehrbau

Maursmünster, ehemalige Abteikirche, Westwerk

ästhetisch Verwandtes gibt". Bis heute kann man das Westwerk von Maursmünster als eine der schöpferischen Leistungen bezeichnen, mit denen „die staufische Kunst im Elsass ihren Anfang nimmt".

Obwohl bereits im 13. Jahrhundert der Niedergang der Abtei einsetzte, erbaute Abt Johann ab 1253 das gotische Langhaus der Klosterkirche. Es mündete in ein inzwischen abgebrochenes Querhaus und in den in der Barockzeit in gotisierenden Formen erneuerten Chor.

Trotz vielfältiger Zerstörungen haben sich in der Klosterkirche bis heute hervorragende Teile der Ausstattung erhalten, allen voran die Bauplastik im Westbau, die zum unmittelbaren Umkreis des Straßburger Ecclesia-Meisters gehört. Auch das um 1770 wohl von dem süddeutschen Bildhauer Joseph Christian d. J. virtuos geschnitzte Chorgestühl und die berühmte Orgel von Andreas Silbermann von 1709/10, ergänzt 1746 von dessen Sohn Johann Andreas, zählen zu den besonderen Schätzen der Kirche.

Fremdenverkehrsamt Marmoutier
Rue du Général Leclerc, B.P 6
F – 67441 MARMOUTIER Cedex
Telefon: 0033/388714684
Fax: 0033/388714407
Mail: Tourisme.Marmoutier@wanadoo.fr
www.paysdemarmoutier.com/Office-de-Tourisme/ALLEMAND/
frm_tourisme-Allemand.html

Rosheim, Kirche St. Peter und Paul

Das Städtchen Rosheim war seit seiner Eroberung durch Herzog Friedrich den Einäugigen, den Vater Kaiser Friedrich Barbarossas, im Jahr 1132 in staufischem Besitz. Der Herzog legte mit Sicherheit auch den Grundstein für die dominierend über dem mittleren Teil der Stadt gelegene Kirche St. Peter und Paul, eine kreuzförmige gewölbte Basilika mit zweieinhalb Langhausjochen im Stützenwechsel und einem achteckigen, im 15. Jahrhundert erhöhten Vierungsturm. Hauptchor und nördliches Querhaus besitzen halbrunde, teilweise mit plastischem Schmuck versehene Apsiden. Anstelle der Südapsis sind Teile einer älteren Kirche in den heutigen Bau einbezogen worden.

Rosheim, Stadtkirche St. Peter und Paul

Die Kirche beeindruckt vor allem durch die Gediegenheit des Quadermauerwerks und den ungewöhnlichen Formenreichtum am Außenbau. Senkrechte „lombardische Bänder" sind regelmäßig über die Außenwände verteilt und durch Bögen miteinander verbunden. Am Westgiebel dominiert die vollplastische Skulptur des hl. Petrus, der einen Löwen niedertritt. An den Dachtraufen umkrallen vier Löwen je einen Menschen und verdeutlichen damit wohl die Ängste des Lebens.

Reich ornamentiert ist vor allem die Außenseite des in eleganten Proportionen gehaltenen Chors, um dessen von einem Palmettenfries umrahmtes Fenster die Symbole der Evangelisten Markus, Lukas und Johannes – Löwe, Stier und Adler – gruppiert sind. Der Matthäus-Engel wurde nach der Französischen Revolution abgemeißelt. Auf der Dachschräge des Vierungsturms erkennt man zwei sitzende Figuren, vielleicht die eines Steinmetzen und eines Mönchs. Im Innern der Kirche beeindruckt besonders die mächtige Säule, deren Kapitell ein Band von Menschenköpfen umgibt.

Das neben der Kirche erhalten gebliebene Romanische Haus zählt zu den wenigen städtischen Profanbauten aus staufischer Zeit.

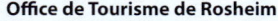

Office de Tourisme de Rosheim
Telefon: 0033/388507538
Fax: 0033/388504549
Mail: accueil@rosheim.com
www.rosheim.com

27 Ruine Hohbarr/ Haut-Barr bei Zabern/Saverne

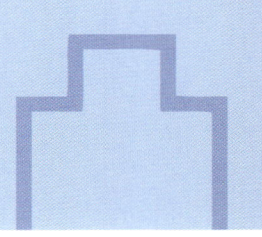

Um das Jahr 1170 erwarb der Straßburger Bischof Rudolf von Rottweil auf Veranlassung Kaiser Friedrich Barbarossas von der nahegelegenen Abtei Maursmünster/Marmoutier den hinteren „Markfelsen", der die Grenze zu der bestehenden bischöflichen Burg „Borra" bildete. Nach Vollendung der erweiterten Befestigungsanlagen war die auf hohen, zerklüfteten Sandsteinfelsen gelegene lang gestreckte Burg ein uneinnehmbares Bollwerk vor dem Hauptkamm der nördlichen Vogesen. Diese einzigartige Lage verschaffte Hohbarr schon frühzeitig die Bezeichnung „Auge des Elsass".

Die Burganlage wurde in nachstaufischer Zeit mehrfach erweitert und den fortifikatorischen Notwendigkeiten angepasst. Umfangreiche Wiederherstellungsarbeiten erfolgten am Ende des 16. Jahrhunderts unter Bischof Johann von Manderscheid-Blankenheim. Nach dem Westfälischen Frieden 1648 wurde die Burgbefestigung Zug um Zug geschleift. Nach teilweisem Wiederaufbau kam es 1744 zu einer Belagerung durch den Pandurenoberst von Trenck, die nach mehreren vergeblichen Versuchen, die teilweise überhängenden Felsen zu ersteigen, scheiterte.

Bis heute haben sich vor allem auf dem Nordfelsen umfangreiche mittelalterliche Ruinen erhalten. Nahezu unversehrt blieb die unter einem Felsendach geschützte Burgkapelle, an der Maskenkonsolen und Lisenen bemerkenswerte Schmuckelemente bilden. Ein Gewölbe überspannt den verschobenen viereckigen Chorraum.

Vom ehemaligen staufischen Palas auf dem Südfelsen zeugt nur noch eine mehrgliederige Gruppe von gekuppelten Doppelfenstern. Vom Süd-

Ruine Hohbarr, Burgkapelle

felsen führt die „Teufelsbrücke" auf den Markfelsen, auf dem einst ein fünfeckiger Buckelquaderbau stand.

Von der Burg Hohbarr bietet sich der Besuch weiterer sehenswerter Burgruinen im malerischen Bergland der Nordvogesen an. Deren Entstehungsgeschichte ist größtenteils mit der Person des heilig gesprochenen Papstes Leo IX. aus dem Geschlecht der Grafen von Egisheim verbunden. Er wurde als Bruno von Egisheim im Jahr 1002 vermutlich auf der **Dagsburg** (Dabo) geboren und erwarb sich zwischen 1048 und 1054 große Verdienste um die Einführung einer Kirchenreform. Bedauerlicherweise wurde die Dagsburg 1690 vollständig abgebrochen. Stattliche Überreste blieben von der ursprünglich zur Abtei Andlau gehörigen **Wangenburg** erhalten. Besonders hervorzuheben ist ihr viergeschossiger Bergfried, der sich über einem fünfeckigen Grundriss erhebt.

Die Anlage ist jederzeit frei zugänglich.
Einkehrmöglichkeit auf der Burg.

Le Château du Haut-Barr
F – 67700 Saverne
Telefon: 33/(0)3 88 91 80 47

28 Burg Fleckenstein

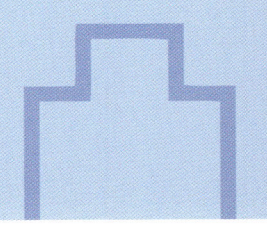

Zu den nördlichsten Burgen des Elsass zählt der nahe der deutschen Grenze gelegene Fleckenstein, eine auch nach ihrer Zerstörung im Jahr 1680 noch großartige Anlage auf einem 52 Meter langen und sechs bis acht Meter breiten Felsenriff, deren Räume und Gänge teilweise in den Stein geschlagen sind.

Die strategische Bedeutung der Burg erhellt zum einen aus der Tatsache, dass in unmittelbarer Nähe die Diözesen Metz, Speyer und Straßburg aneinander grenzten, zum andern aus der massiven Sicherung des wichtigen Verbindungsweges von Kaiserslautern in den Heiligen Forst östlich von Hagenau. Bereits 1129 schenkte Gutta von Fleckenstein im Einverständnis mit ihrem Sohn Gottfried Güter in den umliegenden Dörfern an die Abtei Walburg, die später eine staufischen Grablege wurde. Der Versuch der Staufer, ihre Besitzungen um den Trifels bei Annweiler mit der Kaiserpfalz in Hagenau räumlich zu verbinden, führte zum erbitterten Widerstand der Nachbarterritorien Straßburg, Zweibrücken, Lothringen und Speyer. Die Reaktion der Staufer bestand im Bau einer Reihe von Reichsburgen wie der Wegelnburg und des Wasigensteins sowie im Ausbau des Fleckensteins. Die dortigen Ministerialen bekleideten bedeutende Hofämter als Vögte und Kämmerer in Hagenau, wo Heinrich von Fleckenstein 1248 sogar als „Reichsschultheiß" urkundet. Unter Konrad IV., Sohn Kaiser Friedrichs II., wurden die Herren von Fleckenstein mit der Aufsicht über sämtliche Reichsburgen um Hagenau betraut.

Nach Konradins Tod suchte die Familie die Gunst Rudolfs von Habsburg, geriet jedoch gleichzeitig in ernste Auseinandersetzungen mit den Straßburger Bischöfen.

Burg Fleckenstein

Die seit 1250 in drei Linien existierende und bis ins 18. Jahrhundert bestehende Familie hatte an mehreren Orten die Lehnsherrschaft inne und kümmerte sich dabei stets um die Erhaltung des Stammsitzes Fleckenstein. Dessen älteste Teile zeigen bis heute auffallende Bezüge zur Bauhütte der Stauferpfalz in Hagenau, was vor allem an den prächtigen Buckelquadern abzulesen ist. Vom gotischen Palas auf der Felsplattform sind nur geringe Reste erhalten.

Nach dem Aussterben der Linie Fleckenstein-Dagstuhl 1644 stellte sich Friedrich Wolfgang aus der Linie Fleckenstein-Bickenbach unter den Schutz des französischen Königs Ludwig XIV. und erhielt den Titel eines „Marechal de Champ".

1812 kam der inzwischen zur Ruine gewordene Fleckenstein an den napoleonischen General Harty, der sich daraufhin den Namen „Baron de Pierrebourg" als französische Übersetzung von „Fleckenstein" verleihen ließ; er verhinderte den weiteren Verfall jedoch nicht. Nach der Eingliederung von Elsass-Lothringen in das Deutsche Reich im Jahr 1871 betrieb der „Vogesenclub" eine umfassende Instandsetzung des Fleckensteins, nach deren Abschluss die Burg zum „Historischen Denkmal" erklärt wurde. Seit 1970 befindet sich der Fleckenstein im Besitz der Stadt Lembach.

Burg Fleckenstein
Site du Fleckenstein
F – 67510 Lembach

Telefon: 33 (0)3 88 94 28 52
Homepage: www.fleckenstein.fr/de/
accueil/accueil.html

29 Hohkönigsburg/Haut-Kœnigsbourg und Rappoltsweiler/Ribeauvillé

Die Hohkönigsburg

Die 755 Meter hoch gelegene gewaltige Burganlage der Hohkönigsburg nimmt einen langgezogenen Bergrücken ein, der zur Rheinebene hin – nach Osten – die Form eines ebenmäßigen Kegels, eines „Staufen", hat. Daher rührt auch die erste urkundliche Erwähnung der Burg aus dem Jahr 1147 als „Castrum Estufin", „Burg Staufen". Aussteller dieser Urkunde, in der auch von zwei Türmen die Rede ist, war Konrad III., der erste staufische König. Wenig später erscheint Herzog Friedrich der Einäugige, der Vater Barbarossas, als Eigentümer der Anlage. Sie war ein wichtiger Teil des von Kaiser Friedrich I. ausgebauten Verteidigungssystems, das den Zugang zu den Tälern der Vogesen und damit auch die Vogesenpässe sicherte.

Seit dem 15. Jahrhundert trug die östliche Hauptburg der Anlage den Namen „Hohkönigsburg". Sie gelangte in der ersten Hälfte des 13. Jahrhunderts an die Herzöge von Lothringen und war seit 1329 im Besitz der Bischöfe von Straßburg, die sich nun auch als „Landgrafen des Elsass" bezeichneten. Unter den zahlreichen eingesetzten Lehnsträgern kam es zu ernsthaften Streitigkeiten, die im Oktober 1462 zur Zerstörung der Burg führten.

1479 belehnte Kaiser Friedrich III. den gegen Herzog Karl den Kühnen von Burgund siegreichen schweizerischen Landsknechtsführer Oswald von Thierstein mit der Herrschaft Hohkönigsburg. Dieser baute die Ruine bis zum Jahr 1500 zur stärksten Wehranlage in den Vogesen aus. Die nach ihm als Pfandherren genannten Söhne Franz von Sickingens erweiterten die Anlage nach Westen um das Große Bollwerk, eine bis heute erhalte-

Hohkönigsburg

ne eindrucksvolle Artilleriestellung. Im Westfälischen Frieden 1648 wurde die Burg der Krone Frankreichs zugesprochen und geriet in der Folgezeit immer mehr in Verfall. 1865 war sie im Besitz der Stadt Schlettstadt. Diese entzog sich der Notwendigkeit einer Wiederherstellung durch die im Jahr 1899 vereinbarte Schenkung an Kaiser Wilhelm II. Als großer Bewunderer der mittelalterlichen Reichsgeschichte beschloss dieser unverzüglich die umfassende Renovierung der Burg und beauftragte damit den für die Durchführung ähnlicher Aufträge bereits ausgewiesenen Architekten Bodo Ebhardt (1865–1945). Seine 1901 begonnene und 1908 abgeschlossene Arbeit, die das Reich und die Provinz Elsass-Lothringen mit hohen Geldbeträgen bezuschussten, ging über die Wiederherstellung des ursprünglichen Zustandes der Hohkönigsburg weit hinaus. Die fast völlige Neuschöpfung beeindruckt die zahllosen Besucher bis heute durch die hohe handwerkliche und künstlerische Qualität der Ausführung. 1940 bis 1944 diente die 1918 mit dem Elsass wieder französisch gewordene Hohkönigsburg der Bergung der bedeutenden Kunstsammlungen des Unterlinden-Museums in Colmar, darunter der Isenheimer Altar.

Château du Haut-Koenigsbourg
F – 67600 Orschwiller
Telefon: 33/(0)3 88 82 50 6O
Fax: 33/(0)3 88 82 50 61
Homepage: www.haut-koenigs-bourg.fr/de

Die Burg ist das ganze Jahr über täglich geöffnet, bis auf den 1. Januar, den 1. Mai und den 25. Dezember. Zwischen dem Bahnhof Sélestat und der Haut-Kœnigsbourg verkehrt ein Shuttle-Bus. Ein Burgrestaurant ist vorhanden.

Rappoltsweiler

Von den Burgen, welche die Stadt Rappoltsweiler umgeben, lässt sich zwar keine mit der Hohkönigsburg vergleichen, doch darf man die Ulrichsburg trotz ihres ruinenhaften Zustands bis heute zu den besten Beispielen staufischen Burgenbaus zählen. Eine ältere Anlage aus dem frühen 12. Jahrhundert wurde von Friedrich Barbarossa um zwei Türme, Palas und Kapelle erweitert. Von dem aus sorgfältig behauenen glatten Quadern mit bossierten Ecken errichteten Palas ist noch ein Saal mit sieben ins Tal gerichteten Fensterbögen erhalten. Das bereits im frühgotischen Stil erbaute obere Saalgeschoss ist leider verschwunden.

Oberhalb der Ulrichsburg liegen die Ruinen der Giersburg mit fünfeckigem Bergfried und des Hohrappoltstein mit rundem Buckelquaderturm auf steil abfallenden Felsklippen.

Burgen über Rappoltsweiler, Ulrichsburg (vorn) und Giersburg (hinten)

Office de Tourisme
Pays de Ribeauvillé et Riquewihr
BP 90067
F – 68153 Ribeauville Cedex
Telefon: 33/(0)3 89 73 23 23
Fax: 33/(0)3 89 73 23 29

Mail: info@ribeauville-riquewihr.com
Homepage: www.ribeauvil-
le-riquewihr.com/client/index.
php?idsite=1&lang=GE

30 Schlettstadt/Sélestat, Egisheim/Eguisheim und Burg Girbaden/Guirbaden

Schlettstadt, ehem. Benediktiner-Propsteikirche St. Fides/Sainte-Foy

Der seit der Römerzeit ständig besiedelte Platz, den heute die Stadt Schlettstadt einnimmt, umschloss im 8. Jahrhundert einen fränkischen Königshof, in dessen Kapelle Kaiser Karl der Große 775 Weihnachten feierte. Schon in ihrer Frühzeit, im späten 12. Jahrhundert, besaßen hier die Staufer reichen Güterbesitz. Kaiser Friedrich II. ließ den Ort ummauern, König Adolf von Nassau verlieh ihm 1292 Stadtrechte. 1354 trat Schlettstadt der Dekapolis bei. Die Lateinschule der Stadt erlangte schon im frühen 15. Jahrhundert als Pflegestätte des deutschen Frühhumanismus besondere Bedeutung. Aus ihr gingen Gelehrte wie Jacob Wimpfeling, Beatus Rhenanus und der Reformator Martin Bucer hervor. Die berühmte „Humanistenbibliothek" anstelle der alten Kornhalle ist eine der besonderen Sehenswürdigkeiten der Stadt.

Vom 17. bis 19. Jahrhundert beherrschten kriegerische Auseinandersetzungen zwischen Franzosen, Schweden und Brandenburgern die Geschichte der Stadt. Zum Glück erlitten die prachtvolle gotische Münsterkirche St. Georg und vor allem die in die Stauferzeit zurückreichende ehemalige Benediktiner-Propsteikirche St. Fides dabei keine gravierenden Schäden. In letzterer tut sich eine unmittelbare Beziehung zur Frühzeit der staufischen Familie auf. Friedrich von Büren, der Vater des ersten Schwabenherzogs Friedrich von Staufen, heiratete um 1045 Hildegard von Schlettstadt, die Tochter des Grafen Gerhard von Egisheim-Dagsburg. Sie gehörte einer der vornehmsten Familien des Elsass an. Der Bruder ihres Vaters war Bischof

Bruno von Toul, der spätere Papst Leo IX. (1048–54). Hildegard erbte von ihrer Großmutter umfangreichen Besitz im Ober- und Unterelsass, der zu einer tragenden Säule der staufischen Hausmacht wurde. Von hier aus betrieb vor allem Herzog Friedrich II. von Schwaben, der Vater Barbarossas, seine auf weiteren Zuwachs ausgerichtete Territorialpolitik.

Hildegard, oft als „Stammmutter der Staufer" bezeichnet, starb 1094 und wurde in dem von ihr gestifteten Kloster St. Fides in Schlettstadt begraben. Neuen Forschungen zufolge war sie auch eine Urenkelin König Konrads von Burgund, was ihre vornehme Abstammung eindrucksvoll bestätigt.

Im Jahr 1892 wurde bei Restaurierungsarbeiten in der St. Fides-Kirche das längst in Vergessenheit geratene Grab der Hildegardis

Totenmaske der Hildegard von Egisheim in St. Fides zu Schlettstadt

wiederentdeckt. Darin traten Teile einer Mörtelform zutage, die nach dem Ausgießen die nahezu unversehrten Gesichtszüge der toten Gräfin zeigten. Offenbar hatte man die vermutlich an einer Seuche Verstorbene aus Furcht vor Ansteckung mit gelöschtem Kalk übergossen, der ihr Aussehen über die Jahrhunderte hinweg bewahrte. Die Hohlform der Totenmaske wird in der Straßburger Münsterbauhütte aufbewahrt. Deren Entgegenkommen ermöglichte es 1959 der Stadt Göppingen, einen der wenigen Abgüsse zu erwerben, die unmittelbar nach der Aufdeckung des Grabes 1892 angefertigt worden waren. Heute sind die Totenmaske der staufischen

Stammmutter Hildegard von Egisheim sowie die Kopien des berühmten Cappenberger Barbarossakopfes und der zugehörigen Taufschale im Dokumentationsraum in Göppingen-Hohenstaufen ausgestellt.

Die Fideskirche in Schlettstadt steht an der Stelle einer Kapelle, die Hildegard als Witwe Friedrichs von Büren 1087 nach dem Vorbild der Grabeskirche in Jerusalem hatte erbauen lassen und die sie 1094 der Abtei Sainte-Foy in Conques übertrug. Diese Abhängigkeit dauerte bis 1424. Der stauferzeitliche Bau stellt sich als kreuzförmige gewölbte romanische Basilika mit sehr repräsentativer doppeltürmiger Westfassade dar. Über der Vierung erhebt sich ein doppelgeschossiger achtseitiger Turm mit reichem Fensterdekor. Der schöne Innenraum war einst ausgezeichnet durch die von Kaiser Friedrich Barbarossa 1162 gestifteten Chorfenster, deren Inschrift durch Beatus Rhenanus bis heute erhalten blieb.

Office de Tourisme de Selestat
Boulevard du Général Leclerc
BP184 –67604 Selestat Cedex

Telefon: 0033/388588720/26
www.selestat-tourisme.com

Egisheim

In der Stadt Egisheim finden sich seit dem Abbruch der romanischen Pfarrkirche im Jahr 1807 kaum noch Erinnerungen an die staufische Epoche. Lediglich die „Route des cinq Chateaux", also die „Fünf-Burgen-Straße", berührt noch die Reste der einstigen Egisheimer Grafenburg mit den weithin sichtbaren Türmen Dagsburg, Wahlenburg und Weckmund.

Hier ist der Platz für ein kurzes Gedenken an Papst Leo IX., der von 1049 bis 1054 auf dem Stuhl Petri saß und in dieser kurzen Zeit die Kirche von Grund auf neu organisierte. Er wurde als Brun von Egisheim kurz nach dem Jahr 1000 geboren und war mütterlicherseits mit dem

Egisheim

Salierkaiser Heinrich III. verwandt. Schon als Bischof von Toul galt er als kompromissloser Reformer der Kirche, später war er der „reisende Papst", der zahlreiche Adelige in Deutschland, Frankreich und Italien veranlasste, Stiftungen an die Kirche zurückzugeben. Nach der Schlacht bei Civitale wurde Leo IX. von den Normannen gefangengenommen und starb 1054 nach monatelanger Haft.

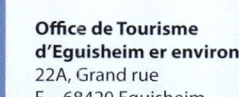

**Office de Tourisme
d'Eguisheim er environs**
22A, Grand rue
F – 68420 Eguisheim

Telefon: 0033/389234033
Fax: 0033/89418620
Mail: info@ot-eguisheim.fr
www.ot-eguisheim.fr

Girbaden

Burg Girbaden

Die Grafen von Egisheim-Dagsburg lassen sich auch als erste Besitzer der nördlich des Odilienbergs über dem Breuschtal gelegenen Burg Girbaden nachweisen. Im frühen 13. Jahrhundert war das „Castrum novum ante Girbaden" im Besitz der Staufer; König Heinrich (VII.) schenkte es dem Bischof von Straßburg, der damit Sigmund von Leiningen belehnte. Seit 1633 ist die Burg Ruine, bietet jedoch mit ihren drei Teilen noch immer das großartige Bild einer mittelalterlichen Wehranlage. Der an die stauferzeitliche Schildmauer angelehnte zweigeschossige Palas fasziniert bis heute durch seine reichen architektonischen Details.

Die Burgruine bei Mollkirch ist jederzeit frei zugänglich.

31 Kaysersberg, Gebweiler/ Guebwiller und Murbach

Kaysersberg

Die wichtige Passstraße vom Rhein bei Breisach über den Col de Bonhomme nach Toul berührte bei der heutigen Stadt Kaysersberg vor nahezu zweitausend Jahren die römische Wegstation Mons Caesaris. Im Jahr 1226 erwarb der Staufer Heinrich (VII.) den Ort von den Herren von Rappoltstein und Horburg. Die damals schon bestehende Burg wurde ausgebaut, mit dem Bau einer Kirche 1227 begonnen. 1293 erlangte Kaysersberg die Rechte der Stadt Colmar – Stadtherr war ein kaiserlicher Vogt. Erfolgreich verteidigte sich die Stadt mehrmals gegen den Bischof von Straßburg und trat 1354 der Dekapolis bei. Die günstige Lage führte zu wirtschaftlicher Blüte, wovon bis heute ansehnliche Bürgerhäuser und wertvolle Kunstschätze Zeugnis ablegen.

Ende des 15. Jahrhunderts erlangte der Kanzelredner Geiler von Kaysersberg (1445–1510) wegen seiner bilderreichen Sprache und seiner volkstümlichen Vergleiche Berühmtheit. 1478 errichtete man ihm im Straßburger Münster eine neue Kanzel.

Die Schweden zerstörten 1636 die stauferzeitliche Burganlage; wenig später, 1648, gelangte die Stadt an Frankreich und wurde vorübergehend in Montlibre umbenannt.

Office du Tourisme de la Vallée de Kaysersberg
39 rue du Général de Gaulle
F – 68240 Kaysersberg

Telefon: 33/(0)3 89 71 30 11
Fax: 33/(0)3 89 71 34 11
www.kaysersberg.com/de/
gemeinde-kaysersberg.htm

Burg Kaysersberg

Am 14. Januar 1875 erblickte der als „Arzt von Lambarene" im 20. Jahrhundert berühmt gewordene Albert Schweitzer in Kaysersberg das Licht der Welt.

Der vermutlich von den Staufern in die Pfarrkirche zum Hl. Kreuz gestiftete Kreuzpartikel führte zu einer ausgedehnten Wallfahrtsbewegung. Ihr verdankt die Kirche mehrfache Erweiterungen und ihre großenteils erhaltene gotische Ausstattung, von der als bedeutendstes Werk ein Beweinungsrelief über dem Sakramentsaltar von 1521 zu nennen ist.

Gebweiler

Das seit 774 bekannte Städtchen Gebweiler war jahrhundertelang der Hauptort einer Vogtei des Klosters Murbach. Um 1270 wurde es ummauert. Damals stand bereits die romanische Basilika St. Leodegar, deren reichgegliederte Westfassade samt dem hohen Vierungsturm sie zu einer der markantesten stauferzeitlichen Sakralbauten macht. Das Kircheninnere weist Ähnlichkeiten mit St. Fides in Schlettstadt auf.

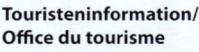

**Touristeninformation/
Office du tourisme**
73, rue de la République
F – 68500 Guebwiller
Telefon: 33/(03) 89 76 10 63

Mail: o.t.guebwiller@wanadoo.fr
Homepage: www.alsace-passion.
com/deut/gebweiler-de-1.htm,
www.tourisme-guebwiller-soultz.com

Benediktinerabtei Murbach

Von Gebweiler bietet sich ein Besuch der nahe gelegenen ehemaligen Abtei Murbach in einem Seitental der Lauch geradezu an, wenn auch von dem einst bedeutenden Kloster nur noch geringe, dafür umso eindrucksvollere Reste existieren. Die Gründungslegende spricht von wandernden Schottenmönchen, die sich hier, am Fuß des Großen Belchen, schon im 8. Jahrhundert niedergelassen haben. Sie gründeten mehrere Klöster im Umland, besetzten Bischofsstühle – unter anderen jene in Basel und Metz – und betrieben eine berühmte Schule, aus der die „Murbacher Hymnen" und das „Wessobrunner Gebet" überliefert sind.

Kaiser Karl der Große führte neben anderen den Titel eines „Pastor Murbacensis". Die Werkstätten des Klosters fertigten kostbare Goldschmiedearbeiten und Wirkteppiche.

Das Kloster schloss sich den Reformbewegungen von Cluny und Hirsau an und erlebte im 12. Jahrhundert vornehmlich durch die Gunst der Staufer einen steilen Aufstieg, der bis heute an den Resten der ehemaligen Abteikirche abzulesen ist. Von ihr sind nach dem Abbruch des Langhauses im Jahr 1770 nur noch der dreigeteilte Ostchor und die beiden Türme erhalten. Die unübertroffene Exaktheit des Quaderverbandes und die künstlerische Höhe der reichen Bauplastik sind Ausdruck für die kaum zu überbietende Qualität cluniazensischen Bauens.

Murbach, Ruine der Abteikirche

32 Weißenburg/ Wissembourg und Walburg/Walbourg

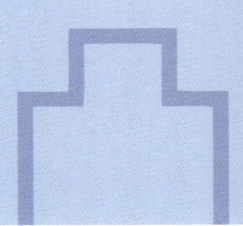

Weißenburg, ehemalige Abteikirche St. Peter und Paul

Die Gründung eines Benediktinerklosters am Ort der heutigen Stadt Weißenburg unter dem Merowingerkönig Dagbobert I. geht auf das Jahr 623 zurück. Es besaß bald reiche Besitzungen im nördlichen Elsass, im Speyergau und an der Saar und erlangte unter dem Karolinger Pippin im Jahr 760 die Immunität, der im späten 9. Jahrhundert der Aufstieg zur Reichsabtei folgte. Zur selben Zeit gab es bereits eine Klosterschule, die unter dem in der zweiten Hälfte des 10. Jahrhunderts regierenden Abt Adalbert, dem „Apostel der Slawen", Berühmtheit erlangte.

Schon die frühen Staufer waren als Klostervögte für den Schutz der Abtei verantwortlich. Sie förderten den Ausbau der östlich des Klosters gegründeten bürgerlichen Siedlung. Diese wurde 1254 Mitglied des Rheinischen Städtebundes und trat 1354 der Dekapolis, einer Vereinigung der zehn wichtigsten elsässischen Städte bei. Im sogenannten „Weißenburger Krieg" wurde 1469 eine Belagerung der Stadt durch kurpfälzische Truppen abgewiesen. 1524 wandelte Papst Clemens III. die Abtei nach

Touristeninformation/Office du tourisme
9, place de la République
F – 67160 Wissembourg
Telefon: (03)/88941011
Mail: tourisme.wissembourg@wanadoo.fr
Homepage: www.ot-wissembourg.fr, www.alsace-passion.com/deut/weissenburg-de-1.htm, www.wissembourg-festival.com/2009/de/index.html

deren Loslösung von der Stadt in ein weltliches Chorherrenstift um, das bis 1789 existierte.

Aus der Frühzeit der Abtei ist nichts erhalten geblieben. Erst von dem unter Abt Samuel 1074 geweihten Neubau gibt es am Westturm der heutigen Kirche noch die Inschrift: SAMUEL ABBAS HANC TVRRIM FECIT (Abt Samuel hat diesen Turm errichtet).

Dieser Kirchenbau diente der Abtei bis zum Ende der staufischen Epoche. Der 1262 zur Regierung gelangte Abt Edelin entschloss sich zu einem Neubau, der in allen Teilen die Stilmerkmale der Gotik aufweist. Die mächtige kreuzförmige Pfeilerbasilika ist mit ihrem eindrucksvollen Vierungsturm und dem prachtvollen Kreuzgang das weithin sichtbare Wahrzeichen der Stadt Weißenburg. Trotz großer, meist kriegsbedingter Verluste – etwa des um 1070 angefertigten fünfstufigen Kronleuchters – ist die Ausstattung des gotischen Kirchenraums nach wie vor bedeutend und lohnt eine ausgiebige Besichtigung. Aus staufischer Zeit stammen die Vierung und der quadratische Turm der 1523/33 protestantisch gewordenen kleinen Johanniskirche.

Walburg, ehemalige Abteikirche

Altenstadt bei Weißenburg

Die nur wenige Kilometer außerhalb von Weißenburg gelegene Kirche von Altenstadt ist nahezu vollkommen im romanischen Stil erhalten. Die aus salischer Zeit stammende flachgedeckte Pfeilerbasilika mit quadratischem Westturm überrascht durch eine tonnengewölbte Vorhalle und ein reich verziertes Westportal mit qualitätvollem Figurenschmuck.

Walburg/Walbourg, Benediktinerabtei St. Walburg

Die südlich von Weißenburg am Nordrand des „Heiligen Forstes" gelegene ehemalige Benediktinerabtei St. Walburg war einer der Lieblingsaufenthalte des Stauferherzogs Friedrich des Einäugigen von Schwaben, Vater Friedrich Barbarossas. Das Kloster entwickelte sich aus einer 1074 gegründeten Zelle; die eigentliche, von Papst Paschalis II. 1117 bestätigte Klostergründung vollzog Peter von Lützelburg. Herzog Friedrich bestimmte Walburg zu seiner Begräbnisstätte; seine Nachkommen statteten die Abtei mit großen Besitzungen und reichen Privilegien aus. Sie wurde Reichsabtei. Nach starken Verwüstungen im Bauernkrieg 1525 wurde Walburg 1544 dem Chorherrenstift Weißenburg inkorporiert. In der heutigen Kirche sind noch beachtliche Kunstwerke aus spätgotischer Zeit erhalten. Besonders hervorzuheben sind die Figuren eines geschnitzten Altaraufsatzes, das feingliedrige Sakramentshaus und die vollständig erhaltene farbige Verglasung.

Der sogenannte Cappenberger Barbarossa-Kopf, um 1160

Straße der Staufer

Zahlreiche Hinweisschilder mit Stauferlöwe und Krone machen in den Landkreisen Göppingen und Heidenheim auf die „Straße der Staufer" aufmerksam. Sie ist einer Initiative der Fremdenverkehrsgemeinschaft Stauferland in Schwäbisch Gmünd zu verdanken, die auf der Homepage www.stauferland.de ausführliche Informationen über die Touristikroute anbietet.

Die Stauferroute widmet sich zunächst dem Berg Hohenstaufen mit den ausgegrabenen Resten der Stammburg des Kaisergeschlechts und dem am Fuß des Berges neben der sogenannten Barbarossakirche eingerichteten modernen „Dokumentationsraum für staufische Geschichte", der einen informativen Überblick über die staufische Epoche vom 11. bis zum 13. Jahrhundert gibt.

Der Interessierte wird sodann auf die in unmittelbarer Nähe des Hohenstaufen gelegenen romanischen Kirchen in Faurndau, Bad Boll und Oberwälden sowie vor allem auf das ehemalige Kloster Lorch hingewiesen, das

Herzog Friedrich von Schwaben, einer der staufischen Stammväter, noch vor dem Jahr 1100 zur Grablege seines Geschlechts bestimmte.

Stauferzeitliche Architektur erwartet den Besucher in reicher Fülle auch in Schwäbisch Gmünd, wo die romanische Basilika St. Johannis beeindruckt, auf dem Hohenrechberg mit seiner mächtigen Burgruine sowie auf der das Fils- und Lautertal dominierenden Burg Staufeneck mit ihrem einzigartigen runden Bergfried.

Über einen mehr als siebenhundert Meter hohen Übergang über die Ostalb gelangt man in den Einzugsbereich der Brenz, in dem sich die Staufer durch familiäre Beziehungen Einfluss verschafften. Das ist bis heute erkennbar an den mittelalterlichen Teilen des Schlosses Hellenstein über

der Stadt Heidenheim, in den Buckelquadermauern der ehemaligen Burg von Giengen und ganz besonders in der fast im Zustand der Erbauungszeit um 1200 erhaltenen Gallusbasilika in Brenz an der Brenz. Zu den herausragenden Sehenswürdigkeiten an der Ostroute der „Straße der Staufer" zählt schließlich die nahezu vollständig erhaltene Burg Katzenstein mit den aus spätromanischer Zeit stammenden Fresken in der Burgkapelle St. Laurentius.

Blick auf Kloster Lorch

Ortsregister

Die fett gedruckten
Seitenzahlen markieren
den Beginn des jeweiligen
Hauptartikels.

Bildnachweis

Ute und Peter Freier, Neuffen: 16, 19, 43, 69, 70, 81, 102, 116, 122, 124, 126, 131, 132, 141.

ullstein bild - Imagebroker.net: 110

Alle anderen Abbildungen: Manfred Akermann, Heidenheim.

Impressum

Bibliografische Information der Deutschen Nationalbibliothek

Die Deutsche Nationalbibliothek verzeichnet diese Publikation in der Deutschen Nationalbibliografie; detaillierte bibliografische Daten sind im Internet über http://dnb.d-nb.de abrufbar.

Umschlaggestaltung: Stefan Schmid Design, Stuttgart, unter Verwendung eines Fotos von: picture-alliance/HelgaLader Fotoagentur GmbH (Motiv: Trifels, Rheinland-Pfalz).

© 2010 Konrad Theiss Verlag GmbH, Stuttgart
Alle Rechte vorbehalten
Lektorat: Thomas Theise, Regensburg
Satz und Gestaltung: Medienfabrik GmbH, Stuttgart
Druck und Bindung: Offizin Andersen Nexo Leipzig GmbH, Zwenkau
ISBN 978-3-8062-2302-6

Besuchen Sie uns im Internet: www.theiss.de

Die Staufer und Italien

Drei Innovationsregionen im mittelalterlichen Europa – Katalog und Essayband zur Ausstellung

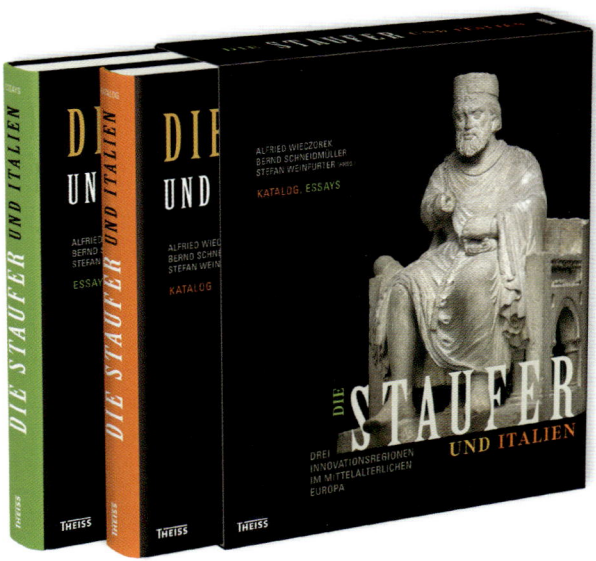

Hrsg. Alfried Wieczorek, Bernd Schneidmuller und Stefan Weinfurter.
2 Bd. zusammen 800 S. mit ca. 1000 meist farbigen Abb. ISBN 978-3-8062-2366-8

Das bedeutendste Herrschergeschlecht des Hochmittelalters steht im Mittelpunkt dieser beiden Bände zur großen kulturhistorischen Ausstellung in den Reiss-Engelhorn-Museen in Mannheim. Die Staufer haben im 12. und 13. Jahrhundert die Geschichte und Geschicke in Europa geprägt. Friedrich I. Barbarossa, Heinrich VI. oder Friedrich II. gehören bis heute zu den bekanntesten Königs- und Kaisergestalten des Mittelalters. Wie die Staufer in den drei besonders innovativen Regionen Rhein-Main-Neckar, Oberitalien und im ehemaligen Königreich Sizilien agierten, was diese einte und unterschied und welche Impulse von ihnen in Politik und Wirtschaft, aber auch Wissenschaft, Gesellschaft, Kunst und Kultur ausgingen, wird in den Bänden umfassend erklärt. Pretiosen veranschaulichen die Texte, um das staufische Zeitalter erneut lebendig werden zu lassen.

Mehr unter www.theiss.de

THEISS